2021年中国旅游经济运行分析与2022年发展预测

CHINA'S TOURISM PERFORMANCE:
REVIEW & FORECAST (2021~2022)

中国旅游研究院

中国旅游出版社

《中国旅游经济蓝皮书 No.14》编委会

主　任：戴　斌

副主任：李仲广、唐晓云

编　委：（按姓名音序排列）

戴　斌　何琼峰　李仲广　马仪亮　宋子千

唐晓云　吴丰林　吴　普　杨宏浩　杨劲松

《中国旅游经济蓝皮书 No.14》编辑部

主　　编：戴　斌

执行主编：何琼峰

编 著 组：（按姓名音序排列）

戴　斌　何琼峰　胡咏君　黄　璜　雷　蕾

李　雪　刘祥艳　马明凯　马仪亮　王　娟

吴丰林　熊　娜　杨宏浩　杨劲松　杨丽琼

战冬梅　张佳仪　张　杨　周　琰

综合保障组：（按姓名音序排列）

郭　宁　贾媛媛　蒋艳霞　李　强　刘　鑫

龙旭梅　莫　愁　亓春元　夏少颜　赵小晴

最漫长的复苏　最深刻的变革　最坚定的信心

——2021 年旅游经济运行分析与 2022 年展望

经历了最漫长的复苏和最深刻的变革，我们挥别 2021；满怀最坚定的信心与对美好旅行生活的向往，我们拥抱 2022。2021 年旅游经济运行分析与 2022 年展望全文如下：

一、2021 年的旅游经济：最艰难的挑战，最漫长的复苏

在过去两年的时间里，无论是国内旅游、入出境旅游，还是投资和就业，无论是旅行社、线上旅行代理商、星级酒店、民宿，还是旅游景区、主题公园、旅游车船，无论是一线城市、区域中心城市，还是中西部和东北地区、边境地区，旅游业经历了过去四十年最严峻的挑战和最漫长的复苏。首当其冲的是入出境旅游，除了必要的外交、商务、留学和边境旅游，过去两年几乎处于全面停摆的状态。2021 年，预计入境旅游和出境旅游分别为 3198 万人次、2562 万人次①，然而这些必要的刚性旅行需求，很难转化为传统旅游业的市场机会。澳门特别行政区与内地同步的旅行政策，对于部分时段的大湾区市场有提振信心的作用，但是对全局的意义并不明显。从国内市场看，飞机照飞，火车照开，公路也没有封闭，公务差旅、商务旅行、教育、务工、探亲等刚性旅行的基本消费依然存在，本地休闲和近程旅游逆势增长。但是旅游业长期以来将中远程观光、休闲、度假等弹性需求作为基本盘，公务差旅、商务旅行和家庭出游等刚性需求很难进入旅游业者的视野，导致这些数据只具有统计意义而无明显的

① 数据来源于中国旅游研究院（文化和旅游部数据中心）旅游经济运行监测与预警课题组的专项研究成果。

市场意义[①]。

从节假日旅游市场数据来看，出游距离、目的地游憩半径、人均消费总体呈加速收缩的态势。以 2021 年国庆节假日为例，城乡居民平均出游半径 141.3 公里，同比减少 71.7 公里，降幅达 33.66%；目的地游憩半径 13.1 公里，同比减少 7.7%[②]。在过去两年里，本地游和近程游为代表的"近出行、浅需求、低消费"，已经成为旅游业赖以生存的基础市场。原来的旅游投资、产业供给和旅游需求是同步增长的，一些深层的结构性问题被发展速度遮蔽了，现在需求骤减，供给却一时减不下来，剪刀差就会越来越大，加上游客、居民和政府对旅游业高质量发展的期许，企业家信心摇摆就是自然而然的事情了。

这次疫情对旅游业的影响，与曾经的政治风波、非典型肺炎、金融危机不具有可比性，历史经验也不能直接借鉴。2020 年春节，面对突如其来的新冠肺炎疫情遭遇战，无论行业还是系统都对严峻性和长期性缺乏充分的应对准备。尽管主管部门出台了暂还旅行社质量保证金等纾困政策，并在第一季度恢复了省内游、第三季度恢复了跨省游，但是 2020 年整个行业还是被悲观情绪所主导，多次面临信心消逝的风险。与市场萧条、投资收紧、就业不足、停工停业相比，企业信心和消费预期才是最值得我们关注的指标。说实话，我不怕听到不好的消息，可是我很怕听不到声音了，整个系统和行业都沉寂了，那才是最可怕的事情。如果小康社会的旅游梦想消逝了，如果支撑高质量发展的市场信心消散了，那才是旅游业的至暗时刻。

从过去两年的市场数据和产业动向看，刚性旅行需求的基本面还在，本地休闲和近程旅游已经成为旅游经济新的消费增长点。人们从来没有像今天这样关注身边的美丽风景和日常的美好生活，哪里的疫情得到控制，哪里的文化休闲和旅游消费就会快速恢复，哪里的旅游业就会呈现繁荣发展的气象。今年的"五一"劳动节假期，全国国内旅游出游 2.3 亿人次，同比增长 119.7%，按可比口径已经超过了 2019 年同期水平 3 个百分点；实现国内旅游收入 1132.3 亿元，同比增长 138.1%，按可比口径恢复至疫前同期的 77.0%；游客满意度达到了

① 疫情期间，每次发布节假日、季度和全年旅游统计数据，总是会引起争论。其实，政府依法统计的数据是真实的，因为包括了统计调查制度规定的刚性旅行数据，而业界的感受也是真实的，因为市场主体更关注那些可以有服务机会的弹性旅游数据。从现在开始，有必要区分刚性旅行和弹性旅游的结构性数据，以增进宏观视野和微观视角的统一，以及政府管理部门、统计专业机构和旅游企业对旅游经济的共识。

② 中国旅游研究院（文化和旅游部数据中心）国庆节假日旅游市场报告，内部数据，未公开。

84.8分的历史新高[1]。这是旅游业复苏进程的重要转折点，也是旅游业坚持高质量发展的信心源泉。从2021年12月召开的中国旅游集团化发展论坛发布的成果来看，越来越多的市场主体在主客共享的理念指引下，在文化和旅游融合发展、科技赋能和数字化转型、体制改革和机制创新方面已经推出一批叫好又叫座的产品，形成了一批可复制可推广的经验。历史一再证明并将继续证明，在危机和挑战面前，信心比黄金更重要。在当前的形势下，业界要保持信心，政府要传递信心，社会要注入信心。

从全年四季度环比、过去两年的同比和2019年基比数据来看，尽管旅游消费需求还有待释放，动能还有待积聚，疫情仍然是最大的影响因素，但是2021年旅游经济仍然保持着波动复苏的进程。前三季度，全国旅游经济运行综合指数（CTA-TEP）同比上升了26.96点，跨过荣枯线，进入104.06点的“弱景气”区间。预计全年国内旅游出游人数为34.31亿人次，旅游收入3.02万亿元，同比增长19%和35%，分别恢复至2019年同期水平的57%、53%。

二、过去两年的旅游经济：最坚定的信心，最真实的创新

在过去的两年里，旅游业正在从猝不及防的疫情遭遇战，转向统筹疫情防控和复工复业的持久战。我们保持了复苏向上的势头，取得了阶段性胜利，也积累了宝贵的经验。无论是消费主体、行政主体还是市场主体，每个人都了不起，都在旅游抗疫的伟大进程中打下了时代烙印。旅游人在抗疫和复苏进程中的付出，历史都不会忘记，共和国也不会忘记。

人民对美好旅行生活的向往从未停止，对休闲度假的需求从未散去，这是旅游业战胜一切困难和挑战的永恒信心。有人说旅游业是脆弱的，旅游业是敏感的，也是韧性的，遇到风风雨雨它会像含羞草一样闭起来，可是只要有了阳光它就会再次盛开，而且越来越有韧性。我们的信心是真实的而非虚幻的，我们的韧性是持久的而非短暂的。我们既要看到疫情期间入出境旅游全面停滞，中远程国内旅游市场全面收缩的一面，也要看到近程旅游市场和本地休闲市场需求旺盛的另一面。从2021年春运60天期间的景区接待数据来看，工作日平均每天660万人次，周末1090万人次，春节期间平均3630万人次。张家界、

① 中国旅游研究院主要负责同志解读2021年假日旅游市场报告——旅游业迎来全面复苏的转折点，载中国旅游研究院官方微信，2021年5月7日。

伊犁、南京、郑州、上海、北京等局部地区散点疫情每次得到控制后，都会迎接一个相对稳定的旅游休闲小高峰。这意味着人民已经走出了最初的恐慌，渴望在疫情常态化时期能够过上正常的美好生活。在全面实现小康社会，全面建设社会主义现代化国家的新时代，人民有免于恐惧的自由，有追求幸福的权利。人民对美好生活的向往是我们奋斗的目标，也是我们走向胜利的动力。

市场主体的创业创新从来没有停止过，文化创造和科技创新的动能一直都在加速积聚，这是旅游业战胜一切困难的可靠力量。春秋的“城市微旅游、建筑可阅读”、携程的星球号和乡村建设、中旅的研学旅行、开元的森泊度假酒店、南京旅游集团的“长江传奇”、岭南中国大酒店的“消失的名菜”、浙旅的“百县千碗”、四季文旅的艺术汇等文旅融合创新项目，以及北京环球影城度假区的开业、上海迪士尼五周年庆典、珠海九洲的“船说”、海昌海洋公园和MBK 的战略合作，以及大连博涛的巨型仿真装置，更让我们看到了文化之美和文化自信，也看到了科技之光正在照耀旅游业前行的道路。与此同时，旅行社和线上旅行代理商走向广义的旅行服务业、星级酒店和民宿转向真正意义上的旅游住宿业、旅游景区开始向主客共享的美好生活空间转型，都意味着典型旅游业态不再迷思于过去，而是拥抱无限的未来。旅游是市场化程度高、经济属性强的现代服务业，任何时候都会有人离场，也会有人进场。谁能够满足人民对美好生活的新期待，谁就是主力军和嫡系部队。在过去的两年中，我们很欣喜地看到更多的新生力量加入旅游复苏的进程中来，更多的年轻人愿意让青春在旅游创新之火中燃烧。正是因为生生不息的创业，绵延不绝的创新，旅游业才是有力量的，而不是虚弱的，现代旅游业体系的建设才是务实的进程而不是表面的口号。

党和政府一直在关注和支持旅游业的发展，纾困解难的政策从未弱化，推动复苏发展的措施一直在强化。抓好疫情防控和安全生产的同时，中央和地方更加关注旅游市场主体的纾困解难和复工复业。面向广大中小微型企业的财政、金融和产业政策是稳定的也是普惠的。哪怕国庆节假期以来出现多轮多地散发的涉旅疫情，国家也没有停止过跨省游，而是采取了更有针对性的熔断与恢复机制。行业主管部门在延续既有的质量保证金暂还政策的同时，还结合党史学习教育“我为群众办实事”的工作部署，出台了更多的创新举措，加强了规划和投资引领。长城、长征、大运河、黄河国家文化公园建设，国家级和省级旅游度假区的创建、夜间和文化旅游消费示范区、国家级和省级旅游休闲街区，特别是世界级旅游城市、世界级旅游景区和度假区、冬奥旅游、红色旅游、乡村旅游、研学旅行，都在持续彰显国家发展旅游的决心和信心。当今世界正在经历百年未有之大变局，但是时和势在我们这边，这是我们战胜一切困难和挑战的定力和底气所在。国家对旅游业的支持是清晰可见的，与消费主体和市场主体是相向而行的。

三、2022年的旅游经济：谨慎的乐观和发展的信心

疫情仍将是新的一年里影响旅游经济发展的最大变数，旅游市场还将面临更多更新的困难和挑战，但是复苏向上的进程不会停止，创新发展的势头不会减弱。

刚性出行的基础市场将进一步稳固，文化休闲、科技体验和度假消费的新需求将得到进一步的释放。2022年的旅游市场大概率不会出现报复性反弹的热闹场面，而人民对美好生活的向往，对正常生活的渴望会持续释放和成长，推动旅游市场稳步复苏。动态清零的疫情防控政策，还有科技助力和大数据加持的精准防控，将为旅游消费营造更加有利的市场环境。小康社会的旅游梦想已经融入国民大众的日常生活中，一定会在春天里绽放和盛开。城镇居民的休闲度假、农村居民的观光休闲，将共同托底新时代的旅游市场。从既有的城乡居民出游意愿、旅游目的地搜索量、旅游产品预订量等先行指标来看，一个市场下沉和消费升级的时代正在到来。当然，我们也要科学研判明年的困难和挑战，特别是作为外生变量的疫情变化，还有各种可能的黑天鹅、灰犀牛事件，都可能会随时打乱旅游复苏的节奏。这两年经济下行的压力已经传导到包括旅游在内的终端消费，可自由支配收入的减少，导致旅游消费规模、消费结构和消费行为出现了收缩迹象。本地休闲和近程旅游、散客出行和自助旅游、家庭休闲和文化体验成为越来越明显的趋势，而市场主体对于自驾旅游、研学旅行、避暑康养、民宿+、专列游等新需求还没有做好充分的准备。创业创新者虽然感觉到了市场机会，却不知道怎么把握，更不知道如何找到相应的商业模式。主客共享、内容创造、数字化转型等概念，从提出到共识再至市场导入和商业实现，是一个漫长而有风险的过程，还需要企业家和旅游人从产品到商品，从使用价值到交换价值惊险的一跃。

旅游产业的变革、创新与高质量发展进程，包括科技推动的数字化转型

将进一步加快。更多机构会携资本、技术、文化等新要素新动能而来，并在旅游创业创新的进程中逐步成为新型的市场主体。有来的，就会有走的。在此进程中，那些守着陈旧的思维，总想着一觉醒来回到从前，总想着政府来救自己，在危机和挑战面前凄凄惨惨戚戚者终将被市场淘汰。竞争是强者的游戏，要想危机中寻新机，变局中开新局，须具有远高于常人的痛阈。那些在复苏进程中负重前行者，终将得到他们应有的荣耀。在疫情防控进入第三个年头的时候，将会有越来越多的企业认识到这一点，并加入这一进程中来。

入出境旅游市场大概率会延续过去两年的表现，但是国际和港澳旅游交流将会更加频繁。新的一年，政府会根据疫情防控的需要和形势的判断，适时启动入出境市场的政策研究，但是双边和多边的旅游交流仍将以线上为主。值得关注的是，粤港澳大湾区、“一带一路”沿线国家和地区、东亚、东南亚等周边国家是值得关注的方向。意大利、希腊、中东欧等双多边旅游交流活动以及古巴、多米尼加等加勒比地区，还有中国—非洲旅游合作也蓄势待发。有理由相信，政府会在 RCEP、APEC、上海合作组织等多边框架内和主场外交中发出更多的声音。

各级党委和政府发展旅游的积极性将更加高涨，推进旅游业复苏振兴和高质量发展的措施将会更加务实。在新的一年中，世界级旅游城市、世界级旅游景区和度假区、国家级旅游城市和街区、冬奥旅游、乡村旅游、红色旅游，以及长城、长征、大运河、黄河和京张文化旅游带建设将得到务实推进，汇聚而成了投资拉动和创新驱动的旅游经济增长新动能。同时也要关注制度创新和产业政策如何提高精准化和有效性，让地方、企业和广大游客有更多的获得感。

综合考虑宏观经济、疫情影响和市场因素，预计 2022 年国内旅游人数 39.80 亿人次，国内旅游收入 3.81 万亿元，同比分别增长 19% 和 27%，分别恢复至 2019 年同期水平近七成。预计出入境旅游人数同比增长达 2 成，恢复至 2019 年的 25% 左右。

四、贯彻党的十九届六中全会和中央经济工作会议精神，稳步推进旅游经济复苏进程，加快建设现代旅游业体系

一是坚持稳字当头、稳中求进的经济工作主基调，统筹疫情防控和复工复业，把旅游企业的纾困解难放在更重要的位置上来。做好旅游业的“六稳”“六保”工作，千方百计保证旅游就业不下降，旅游市场主体特别是中小微型企业不出现大规模倒闭和系统性耗散。尽快发布“十四五”旅游业发展规划，明确新形势下旅游业发展的指导思想、发展方向和优化路径。宣传贯彻即将召开的全国旅游厅局长会议精神，多渠道传递发展信心，形成旅游经济复苏的思想共识和精神动能。

二是实施更加精准的疫情防控措施和更加积极的复工复业政策，避免因零散的疫情反复而加剧游客的恐惧和业界的恐慌。政策千万条，市场第一条。市场恢复了，预期稳定了，企业自然知道怎么去做生意。为保持正常的经济发展节奏，在国家和省级层面上慎踩“急刹车”，可以在地市级行政区域随疫情防控节奏“点刹车”。在稳住刚性出行基础市场的同时，千方百计释放观光、休闲和度假等弹性需求。大力发展美食、研学、艺术、时尚、非遗、红色、冰雪、避暑、体育等新业态，制订针对性强、易于落实的“旅游+”“旅游×”业态培育专项行动计划。关注农村居民旅游新需求，拓展适应散客、自助、自驾等新型旅游消费空间，用新供给激发新需求。

三是为市场主体营造旅游复苏和创新发展所必需的制度环境、市场环境和项目支撑。加快推进世界级旅游城市、旅游景区和度假区，国家旅游休闲城市和街区等重大项目建设，率先打造世界级旅游目的地先行示范区，引导世界级旅游集团建设和中小微型企业数字化转型。加大中央预算内投资支持力度，提升旅游基础设施和服务设施建设水平。无论是基础设施建设还是公共服务，都要向各类国有和民营旅游企业，特别是旅行服务商、旅游住宿企业、旅游景区和主题公园开放，引导、鼓励和支持新型投资机构和技术研发机构开展旅游创业创新。要在延续旅游发展基金、暂退旅游质量保证金等既有政策的基础上，研究发布旅游企业纾困解难和稳定旅游就业的专项政策。

四是加强科技创新，加快建设现代旅游业体系，培育一批世界级旅游企业。加强科技创新和旅游装备制造业的提升水平。不能用第一产业的思维和传统的开发建设方式建设现代旅游业体系，没有科技支撑和数字化转型就没有现代旅

游业的发展。无论是游艇、游轮、房车、宿营地、通用飞行器、无人飞机等旅游装备，还是冰雪旅游、山地旅游、避暑旅游的个人装备，都是治理能力现代化的提升。如果没有 5G、北斗导航、大数据和人工智能的加持，旅游业的发展模式和作业方式将会在传统中徘徊。要引导、鼓励、支持旅游业的现代化转型，人员素质和专业技能的培训提升，还要注意引导、鼓励和支持新型投资机构和技术研发机构进入旅游领域中创业创新。

五是加强宏观调控和微观监管，特别是微观监管体系的建设，推进旅游领域治理体系和治理能力的现代化。在 2021 年治理不合理低价游成果的基础之上，着眼于散客、自助、自驾等新业态的旅游市场，提高预测、预警、预防的能力。既要管好 4% 的团客，也要服务好 96% 的散客；既要管好旅游景区度假区小空间，也要用好主客共享的美好生活新空间；既要管好导游和旅行社小主体，也要培育新兴多元的旅游市场大主体。各级文化和旅游部门有必要建立健全旅游经济运行定期分析研判制度，以需求侧统计制度改革和大数据建设工作来牵引整个旅游统计和市场建设工作、市场研判工作，重点做好宏观政策、产业政策跨周期调节，保持旅游经济在合理区间运行。

六是加强世界旅游形势的研判，及时回应涉旅游议题的国际关切。中国政府和旅游业界应当，也可以为全球旅游市场复苏和世界旅游业高质量发展贡献中国智慧、中国方案。要创新方式，对外讲好新时代中国旅游故事，为疫后入境旅游市场发展做好必要的政策储备。

七是建设当代旅游发展理论，完善旅游统计体系，培育旅游领域中战略科学家和产业领军人才。为做好当前和今后一个时期的旅游工作，我们需要有与新时代相适应的发展理念指引、理论指导和专业支撑。既要系统回答小康旅游的内涵，高质量发展的指标，世界级旅游城市、世界级旅游景区和度假区、世界级旅游集团建设等重大现实问题，也需要深入研究当代旅游发展是什么、为什么、做什么和依靠什么的重大理论问题。要引领理论和学术界对旅游的基本概念、基础理论、基本方法开展理论探讨，形成中国风格、中国气派的学科体系、学术体系和话语体系，从而为新时代的旅游业创新发展提供强大的思想力量和精神动能。

本书是中国旅游研究院（文化和旅游部数据中心）“中国旅游经济蓝皮书”系列年度报告的第十四部。全书凝结了全院的集体智慧，由戴斌院长总体学术指导和最终审定，何琼峰负责具体组织及初审。各章执笔人员如下：第一章戴斌、胡咏君、何琼峰，第二章马仪亮、王娟、马明凯、吴丰林、李雪、黄璜，第三章杨丽琼、杨劲松，第四章杨劲松、刘祥艳、雷蕾，第五章杨宏浩、战冬梅、张杨，第六章熊娜、周琰，第七章张佳仪、何琼峰。

中国旅游研究院院长、
文化和旅游部数据中心主任、
教授、博士生导师
2022 年 1 月 1 日

CONTENTS 目录

第一章

总体研判与发展预测

2021年，受局地多点散发疫情影响，全年旅游经济复苏进程在下半年出现明显波动，必要出行之外的旅游消费意愿和企业家信心同步收缩，全年旅游经济处于“弱景气”区间，企业纾困解难压力进一步加大。2022年，疫情仍然将是影响旅游复苏最大的不确定因素，宏观经济的需求收缩、供给冲击、预期转弱在旅游领域都会有更明显的体现，对2022年的旅游经济预期下调为谨慎乐观。2022年的旅游工作要贯彻党的十九届六中全会和中央经济工作会议精神，既要抓好旅游领域的疫情防控，更要抓好复工复业，把稳预期、扩需求、增投资、促增长放在更加重要的位置上。以更大的调控力度、更精准的施策、更有效的组合，确保刚性出行需求不减，弹性旅游需求增长，扩大投资，转化动能，有效增强业界信心和企业家预期，同时做好入出境旅游阶段性开放的政策储备。

一、低于预期的2021年旅游经济

新冠肺炎疫情已经持续了将近两年的时间，在国内外多极新格局和风险挑战增多的复杂局面下，我国旅游业经历了最严峻的挑战和最漫长的恢复。随着科学研判、分类指导、动态调整、精准防控的机制越来越成熟，2021年旅游经济总体上呈现阶梯形复苏的态势。前三季度，全国旅游经济运行综合指数（CTA-TEP）同比上升了26.96点，跨过荣枯线，进入104.06点的“弱景气”区间（图1-1，图1-2）。

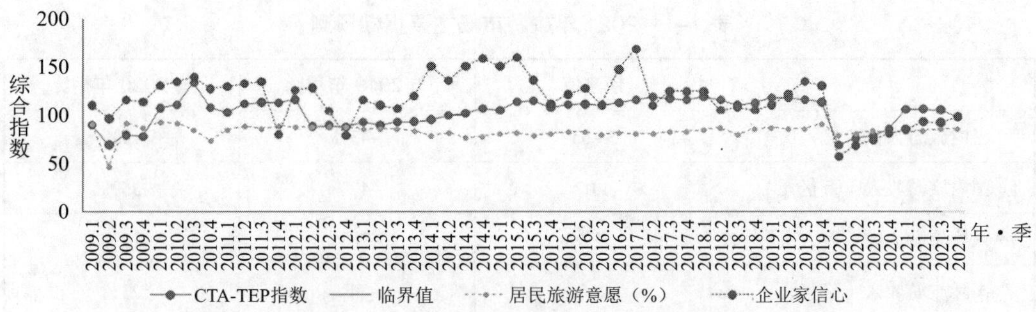

图 1-1　2009~2021 年中国旅游经济运行综合指数（CTA-TEP）

数据来源：中国旅游研究院旅游经济监测与预警课题组，内部数据未公开

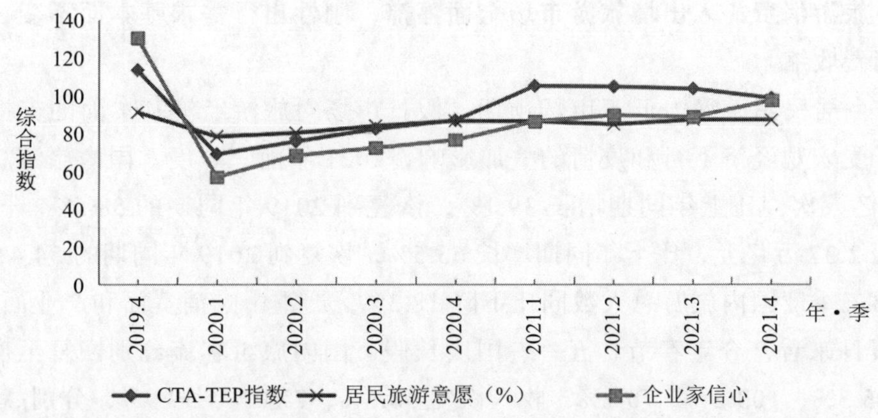

图 1-2　2019Q4~2021Q4 中国旅游经济运行综合指数（CTA-TEP）

数据来源：中国旅游研究院旅游经济监测与预警课题组，内部数据未公开

值得关注的是，企业家信心指数尚未恢复到临界值水平，旅游经济复苏的新通道尚未完全打开。从国内市场看，政务差旅、会议、培训商务出行和探亲休假等刚性需求仍在，但是预算明显减少，城市居民的观光、休闲、度假等弹性旅游需求则面临规模减小、距离收缩和消费谨慎的压力。预计全年国内旅游出游人数为 34.31 亿人次，旅游收入 3.02 万亿元，同比增长 19% 和 35%，分别恢复至 2019 年同期水平近六成（表 1-1）。

表 1-1　2021 年旅游市场主要指标预测

	预测值	与 2019 年相比	与 2020 年相比
国内旅游人数（亿人次）	34.31	–43%	19%
国内旅游收入（万亿元）	3.02	–47%	35%
入境旅游人数（万人次）	3198	–78%	18%
国际旅游收入（亿美元）	208	–84%	23%
出境旅游人数（万人次）	2562	–83%	27%
旅游总收入（万亿元）	3.15	–53%	34%

1. 旅游消费：入出境旅游市场全面停滞，刚性出行需求基本面不变，弹性旅游消费收缩

城乡居民出游潜力低于市场预期，假日市场对旅游经济基本面的支撑作用显著。受宏观经济下行和疫情的叠加影响，2021 年前三季度，国内旅游总人数 26.89 亿人次，比上年同期增长 39.1%，恢复到 2019 年同期的 58.5%。国内旅游收入 2.37 万亿元，比上年同期增长 63.5%，恢复到 2019 年同期的 54.4%。其中，第三季度国内旅游总人数同比下降 18.3%，严重影响消费面和产业面信心。从节假日来看，今年春节、五一、国庆长假，国内旅游客流分别恢复至疫情同期的 75.3%、103.2%、70.1%，收入恢复 58.6%、77.0%、59.9%，分别高于一、二、三季度的国内旅游增长，假日市场有效支撑着全年旅游经济（图 1-3）。

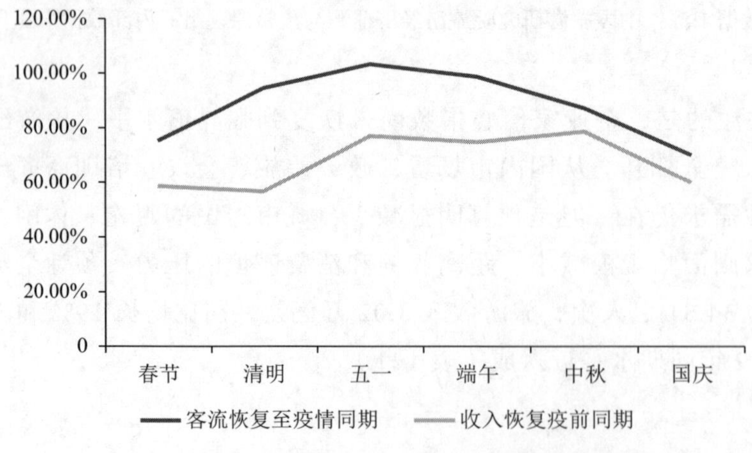

图 1-3　2021 年春节、五一、国庆旅游市场恢复情况

中远程旅游市场复苏缓慢，近程和本地旅游的市场托底效应明显。在过去的一年中，除必要出行的公务差旅和商务出行外，中远程观光、休闲和度假旅游规模和消费能力尚无回升迹象。国庆节假日期间，游客平均出游半径141.3公里，比去年缩减71.7公里，减小33.66%。目的地平均游憩半径13.1公里，比去年缩减1.1公里，减小7.75%。“3小时”旅游圈成为假期主要活动范围，以都市休闲、近郊游为主的“本地人游本地”特征明显。2021年上半年文化消费时长在3~6小时的比重同比增加了18.6个百分点，6~9小时的比重同比增加了4个百分点。与头部景区相比，大城市周边的主题游乐和旅游度假恢复较快，除受到疫情直接冲击的月份外，其余月度客流稳定恢复且超过2019年。以疫情影响较小的7月份为例，中国旅游研究院大数据监测显示，当月周边游达到1.56亿人次，同比增长167.4%，恢复至疫前同期138.6%。

出境回流需求释放有限，下沉市场的消费支撑作用不足。从市场数据来看，除海南岛免税购物和一线城市周边的高端度假酒店，留在境内的1.2亿人次出境旅游者并没有对国内旅游市场形成明显的拉动效应，旅游消费显得沉寂有余，热点不足，离岛免税业务对目的地产业创新和全国旅游经济带动尚不明显。海南省商务厅数据显示，2021年前三季度，海南离岛免税销售额达417亿元，同比增长118%，中免旅游零售业务虽然保持了较好的增长态势，但口岸免税店面临生存压力，出入境客流锐减，大部分门店仍处于关闭状态，年内部分企业扭亏压力巨大。受机票和酒店打折、景区门票减免政策影响，全年出游性价比相对较高，旅游市场继续保持“价低量升”的态势。值得关注的是，农村居民参与旅游的比例明显提升。前三季度，农村居民旅游人数和收入分别为7.55亿人次和0.45万亿元，同比分别增长41.1%和67%，增长率比城镇居民分别高3.2个和0.4个百分点。

2. 旅游产业：供给冲击明显，产业规模收缩，企业家信心不稳，投资预期偏弱

头部旅游企业韧性有待提升，中小企业持续洗牌。以旅游集团和上市公司为代表的头部旅游企业，在过去的两年中有效应对疫情的冲击，稳住了阵脚，也积累了经验。上市公司三季度财报显示，八成的上市旅企凭借去年下半年到今年上半年持续的复苏，今年前三季度的业绩仍实现了增长，中国中免和华侨城分列营收和利润的前两名。业内多数企业通过资产变卖、人员裁减、业务调整等方式艰难维持，盘整、创新升级的阻力巨大。由于国内多点散发的疫情严重影响跨省游的经营，出境游已冰封近两年，中小企业尤其是旅行社遭受了严重冲击并面临着生存危机。文化和旅游部统计数据显示，第三季度全国旅行社国内旅游组织 1655.37 万人次、4621.12 万人天，仅恢复至 2019 年同期的 33% 和 29%。

都市休闲、乡村度假、文化消费需求上升，但是旅游供给的产品创新和项目研发不足。近程游拉动了都市休闲、文化娱乐和乡村旅游消费，城市周边民宿与高端酒店、博物馆、美术馆、图书馆等公共文化场馆、历史文化街区、休闲游憩步道为本地游客提供深度体验空间，脱口秀、书店、轰趴、桌游、密室为近程休闲消费解锁更多城市新玩法。随着旅游市场的复苏，先进制造、文化创意、光影科技、人工智能、大数据和产业互联网为旅游业带来了全新的发展动能，春秋国旅的“微旅游”、携程的“BOSS”直播、开元旅业的森泊酒店、去哪儿的“人生第一张机票”等、北京环球影城度假区等新产品和新服务，成为旅游企业复苏发展的新的增长点。旅行服务领域去旅行社化、旅游住宿领域去星级酒店化、旅游休闲领域去景区化趋势进一步加速，然而旅游企业适应新需求的新产品和新业态尚未形成基础支撑的商业力量。

客源地的旅游经济复苏进程快于目的地，“南密北疏”“东多西少”的非均衡结构进一步显化。受疫情防控影响，多个省市倡导“无必要不出行”，很多游客将远程出游计划转向近程和本地，出游需求在局部区域集中释放。北京、上海、广州、深圳等一线城市、浙江、江苏、河南、湖南、湖北、重庆、成都等人口密集区城市的景区恢复程度要好于西南地区。从游客净流入 / 净流出的地区分布来看，安徽、湖南、河南、江西、山东等 24 个省（直辖市、自治区）属于净流入地区，广东、上海、福建、北京、黑龙江等 7 个省（直辖市、自治区）为净流出地区。游客净流入的省（直辖市、自治区）同时也是重要客源地，旅游客源地景气度普遍高于目的地。五一期间，游客“南下”特征较为明显，游客接待量位居前十的省（直辖市、自治区）中，南方占了六个。国庆假日期间，游客向中南部地区流动的趋势更加明显。热门接待城市和净流入城市前十五位城市，主要集中在南方地区，北方城市均只占 3 席，区域旅游经济的非均衡特征更加明显。

3. 产业政策：统筹疫情防控、安全生产和复工复业，多措并举助力纾困解难，但是市场主体获得感相对不足

虽然有一系列的政策利好，但是政策工具的有效性和企业获得感尚有待提升。“十四五”系列文化和旅游相关规划的陆续发布，世界级旅游城市、世界级旅游景区和旅游度假区、国家文化公园、国家级旅游休闲城市和旅游休闲街区、红色旅游、乡村旅游都将开启新的建设进程。革命老区、乡村振兴、冰雪旅游、博物馆等文化和旅游相关领域迎来多个政策利好。京张体育文化旅游带、青海国际生态旅游目的地建设以及 2022 年冬奥会也都带来新的机遇。今年中央预算内投资已支持国家文化公园、重大旅游基础设施建设项目 143 个，资金 44.9 亿元。其中，文化和旅游部牵头的长城国家文化公园项目 17 个，资金 5.8 亿元；国家 4A 级、5A 级旅游景区和国家级旅游度假区重大旅游基础设施建设项目 58 个，资金 17 亿元。此外，还出台了系列政策有效引导文化、旅游与体育、教育、商贸等行业的跨界融合发展，加速了 5G、大数据、人工智能等新技术在文化和旅游场景中创新应用。但是从市场主体的实际感受看，既有政策红利和基建投资尚未有效转化为现实的消费场景和产品业态，在政策宣讲、执行落实、支撑配套和综合绩效方面还有很多工作可做。

纾困惠企，政策延续性和靶向精准性有待提升。文化和旅游部在指导企业用好普惠性政策的同时，推出一系列针对性纾困政策举措，将旅游景区、乡村旅游等纳入增值税减免、专项债券、稳定就业、促进消费、创业创新等政策支持范围。就演出企业和旅行社纾困出台专项文件，印发开发性金融支持文化产业和旅游业高质量发展文件。推进旅行社质量保证金改革，减轻旅行社经营压力。印发《加强导游队伍建设和管理行动方案》，针对导游行业健全管理体系、优化就业环境、加强权益保障、提升专业能力。既有政策已到期，新的政策还没有出台，需要进一步研究相关纾困政策实施期限，将文化事业建设费免征政策、普惠小微企业贷款延期还本付息政策、信用贷款支持政策、中小企业以工代训政策等的实施期限根据疫情发生情况予以动态延长或阶段性恢复。

二、谨慎乐观的 2022 年旅游经济

旅游消费和休闲度假等弹性需求将会进一步的释放。中国旅游研究院出游意愿专项调查数据显示：2022 年第一季度居民旅游意愿为 85.32%，同比增长 3.15%。这意味着旅游需求的基本面还在，并稳步恢复至疫前水平。受流动性管控政策影响，近程与本地游需求进一步增长。从搜索量、预订量、关注度等先行指标来看，高品质的微旅行、宅度假和文化消费需求将得到进一步释放，高频低价仍是主流需求。近程、散客、休闲、体验成为主体，研学、自驾、旅游专列、宿营等产品需求旺盛。

旅游产业的变革、创新与高质量发展的意识进一步显化。以中旅集团、首旅集团、华侨城集团等国有旅游集团作为承载国家和区域发展战略重要旅游资源整合平台，主动作为，积极变革，成为疫后复苏发展的中坚力量。携程、春秋、开元、美团等社会资本和民营资本为主体的旅游企业，深耕国内市场，针对游客个性化、碎片化的需求，挖掘周边旅游资源，及时切入短途游、定制游，成为旅游市场的新亮点。冬奥会的举办推动冰雪旅游成为冬季旅游的新潮流。数字化、智慧化、冰雪等相关领域融资增长显著，随着“双减”政策的实施，包含研学旅行十大线路等研学旅行项目将受到更多关注。

各级党委和政府推进旅游业复苏振兴和高质量发展的措施将会更加务实。党的十八大以来，人民对美好生活的向往就是我们的奋斗目标已经深入人心。加之党的十九届四中、五中、六中全会，以及《文化和旅游业“十四五”规划》等重要文件的密集出台，为投资拉动和创新驱动的旅游经济增长注入了强大动能。围绕世界级旅游城市、旅游产业化、国际生态旅游目的地建设、京张体育文化旅游带等批示指示，各级党委和政府都在围绕政策和制度创新制定规划和行动计划、明确重点领域、分解指标任务等，与高标准市场体系相融合的治理体系正在不断完善。

国际旅游交流合作会将更加频繁。落实“积极考虑在疫后有序恢复中国和东盟之间的人员往来，继续推进文化、旅游等领域交流”等指示精神，新的一年出入境旅游市场恢复的可能性和路线图更可期待。粤港澳大湾区、“一带一路”沿线国家和地区、东亚、东南亚将是优先恢复的方向和政策着力点。意大

利、希腊、中东欧等双多边旅游交流活动以及古巴、多米尼加等加勒比地区，还有非洲都在蓄势待发，中国也会在RCEP、APEC、金砖、上合等多边框架内和主场外交中发出更多的声音。专业化旅游推广机构也在酝酿探索，行业组织、市场主体将会有更多参与的积极性。

当前，新冠肺炎疫情对行业冲击仍在持续，宏观经济的需求收缩、供给冲击、预期转弱在旅游业表现得更为明显，旅游业资金、就业等系统性风险仍在累积。消费者出行态度处于犹豫、观望、瞻前顾后状态，企业对阶段性多点散发疫情导致疫情管控政策无可奈何甚至"躺平"、弃船上岸，必要出行之外的旅游消费意愿和企业家信心同步收缩。2022年全年旅游经济预期下调为谨慎乐观，我们要对困难、问题和风险做好更充分的准备。综合考虑宏观经济、疫情影响和市场因素，预计2022年国内旅游人数39.80亿人次，国内旅游收入3.81万亿元，同比分别增长19%和27%，分别恢复至2019年同期水平近七成。预计出入境旅游人数同比增长达2成，恢复至2019年的25%左右（表1-2）。

表1-2　2022年旅游市场主要指标预测

	预测值	与2019年相比	与2021年相比
国内旅游人数（亿人次）	39.80	-34%	19%
国内旅游收入（万亿元）	3.81	-33%	27%
入境旅游人数（万人次）	3774	-74%	18%
国际旅游收入（亿美元）	260	-80%	23%
出境旅游人数（万人次）	3203	-79%	27%
旅游总收入（万亿元）	3.98	-40%	34%

三、政策建议

（1）明方向，鼓干劲。贯彻落实党的十九届六中全会和中央经济工作会议精神，坚持稳字当头、稳中求进，把统筹疫情防控和纾困解难放在更重要位置，继续做好"六稳""六保"工作，特别是保就业、保民生、保市场主体。尽快发布"十四五"旅游业发展规划，明确旅游业发展的路径和方向。在系统内要宣贯全国文化和旅游厅局长会议精神，重点是 2022 年旅游工作的指导思想、主要任务和重点任务。多方渠道传递发展信心，让企业家和市场主体能看到发展的方向，找到转型的动能。

（2）扩需求，稳增长。精准熔断机制范围，避免因零散疫情反复而出现的恐慌情绪蔓延，在稳住刚性出行基础市场的同时，千方百计释放观光休闲等弹性旅游需求。大力发展美食、研学、艺术、时尚、非遗、红色、冰雪、避暑、体育等新业态，制订针对性强、易于落实的“旅游 +”“旅游 ×”业态专项计划。拓展适应散客、自助、自驾等新模式的消费空间，关注农村居民旅游新需求，用新供给激发新需求。建立市场需求数据库、项目创新案例库，征集遴选并支持一批具有影响力、示范性、带动性文化和旅游优秀项目清单。

（3）抗冲击，增投资。加快推进世界级旅游城市、旅游景区和度假区，国家旅游休闲城市和街区等重大项目建设，率先打造世界级旅游目的地先行示范区，将全场景文旅综合体建设纳入国家文化和旅游消费示范城市评选。重点围绕产业空间布局优化发展、国家级示范区域质量提升、文化和旅游消费促进、产业创新发展等方面，加大中央预算内投资支持力度，提升旅游基础设施和服务设施建设水平。积极引导企业对接股权、债权、基金等资本市场，开展不动产投资信托基金试点等投融资促进计划。发布旅游科技创新产业指导目录，引导、鼓励和支持新型投资机构和技术研发机构开展旅游创业创新。

（4）稳预期，解困境。延续用好旅游发展基金、暂退旅游质量保证金政策，探索建立旅游发展解困基金，协调相关部委延续对旅游企业减税降费的综合政策和旅游消费券等促进政策，加快制定稳就业的专项政策。针对旅行社等疫情影响严重的传统旅游行业，延续社会保险费的减免及延缓政策，并给予纳税补贴。推动银行对旅游企业适当放宽贷款条件，推出针对旅行社的抗疫贷、工资贷、租金贷等小额贷款产品，解决企业资金周转和企业间债务问题。

（5）研开放，争主动。重点研究 RCEP、APEC、“一带一路”、上合等双多边国际合作组织框架下的旅游业作为空间，对周边疫情防控向好的国家和地区考虑推出“疫后首发团”、点对点等跟团游产品，促进周边地区和国家旅游市场同步复苏，做好疫情恢复入出境旅游市场的路线图和政策储备，要主动设置话题，及时回应国际国内的问题关切。发挥行业、商会和协会的作用，组建专业化平台、职业化队伍与大外宣、大外交的力量整合，为全球旅游业的复苏和高质量发展贡献中国智慧、中国力量，讲好新时代中国旅游抗疫故事。

第二章
旅游消费变迁与国内市场演化

疫情之下的旅游，正在从猝不及防的遭遇战演化成为既要统筹疫情防控又要抓好复工复业的持久战。2021 年，旅游市场经历了 40 余年来最艰难的复苏，旅游需求萎缩，入出境旅游基本停滞，中远程国内旅游市场全面收缩，但旅游消费信心仍在，近程旅游市场和本地休闲市场需求旺盛。人们对美好旅行生活的向往从未停止，对休闲度假的需求从未散去。

一、旅游消费需求的规模收缩和结构演化

1. 旅游需求释放呈“前高后低、波动复苏”态势

2021 年，局地多点散发疫情不断，旅游需求阶梯状波动复苏，基础尚不稳固。上半年，尤其是一季度旅游需求补偿性释放，市场热度较高，复苏加快。下半年受疫情和经济增长放缓等综合影响，旅游需求释放受到明显抑制，三、四季度旅游人数和收入均出现负增长。2021 年全年国内旅游人数为 34.31 亿人次，比 2019 年下降 43%，比 2020 年增长 19%；实现国内旅游收入 3.02 万亿元，比 2019 年下降 47%，比 2020 年增长 35%。一季度国内旅游人数为 10.24 亿人次，比 2020 年同期增长 247.1%；二季度国内旅游人数下降为 8.47 亿人次，同比增长 33%；三季度国内旅游人数继续下降为 8.18 亿人次，同比下降 18.8%，四季度国内旅游人数继续下降至 7.42 亿人次，同比下降 21.56%。“前高后低”特征明显（图 2-1）。

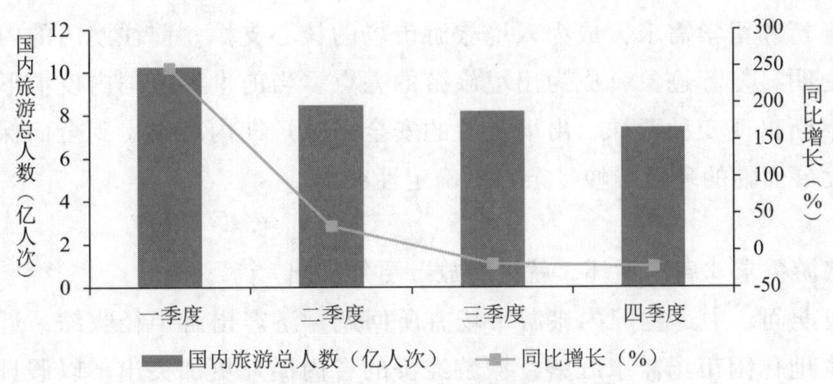

图 2-1　2021 年分季度国内旅游接待情况

说明：四季度为课题组预测数据

具体来说，疫情已持续近两年，餐饮、住宿、商务服务等产业就业和从业者收入受到影响，特别是中低收入者（旅游的边际需求较大），收入受疫情影响更大，社会消费出现较大下滑压力，旅游消费变得更加谨慎。此外，政府通过免费疫苗接种、快速核酸检测、数字健康码、佩戴口罩、避免人群集聚等措施，并加大海关防疫力度，疫情防控措施取得显著成效，但疫情的旅游传播链条没有完全阻断，特别是边境口岸城市旅游市场明显收缩，年内旅游需求释放和复苏呈现以疫情为影响要素的“波动复苏”态势，如图 2-2 所示。

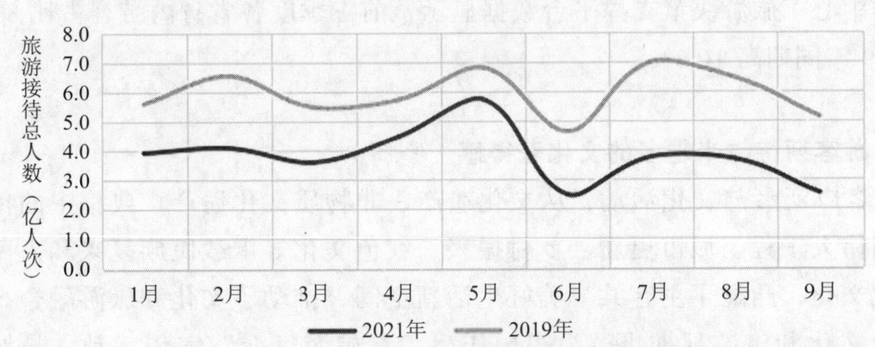

图 2-2　2021 年前三季度省域国内旅游接待总人数

数据来源：中国旅游研究院（文化和旅游部数据中心）旅游决策支撑平台数据

受疫情影响，入出境旅游基本处于停滞状态，仍处于底部盘整期。由于疫情防控得力和政策协调顺畅，澳门居民访问内地以及世界各国各地区必要的来华商务旅行和留学需求，成为入境旅游市场的核心支撑。前往澳门的内地游客市场出现明显复苏迹象，成为出境旅游的亮点。当前世界范围内疫情形势跌宕起伏，不断出现变种毒株，出境旅游的安全需求短期内难以得到全面保障，出境旅游发展面临的环境严峻复杂，不确定性突出。

2. 旅游需求“省内循环，就近释放”更加突出

疫情期间，中远程国内旅游市场有所回调，游客出游半径收缩，近程旅游市场和本地休闲市场需求旺盛，旅游经济的省内循环更加突出。以假日旅游为例，2021 年国庆假日期间游客平均出游半径 141.3 公里，比 2020 年同期缩减 71.7 公里。“3 小时”旅游圈成为国庆假期主要活动范围，都市休闲游、效区微度假、家庭自驾游、研学旅行为主的“本地人游本地”成为国庆假日旅游新亮点。调查还显示，国庆期间五成左右游客选择城市周边乡村和郊区公园游玩，农村游客选择本省市内及城郊旅游的比例高达 35.4%，比城镇居民高 8.9 个百分点。历史文化街区、商圈休闲区成为省内游客热门休闲场所，特别是北京环球影城、上海迪士尼度假区、欢乐谷、方特、长隆海昌海洋、郑州银基等，拉升了主题公园和度假休闲热，加快了都市旅游复苏步伐。国庆期间，民航旅客运输量较 2020 年同期减少 19.6%，平均客座率比去年同期下降近 5 个百分点，中远程旅游需求短期受到局部地区疫情反弹抑制。中国旅游研究院（文化和旅游部数据中心）旅游决策支撑平台数据显示，前三季度各省省内游客占比 84.3%，较 2019 年同期高 10.3%。

3. 游客期待越来越多的文化获得感

游客广泛参与文化活动，从文化遗产、非物质文化遗产、典籍中的传统文化，到伟大工程、城市更新、乡村振兴、红色文化等承载民族复兴和人民幸福的当代文化，凸显了主客共享美好生活新空间，推动了文化和旅游融合高质量发展。文化和旅游部推出“为祖国庆生，看旅游巨变”宣传活动。长城、长征、大运河、黄河国家文化公园的文化旅游带和重要节点已成游客热门打卡地。2021 年国庆假期专项调查显示，84.9% 的游客参与 2 项及以上文化活动，比 2020 年提升 9.6 个百分点。

2021 年是中国共产党成立 100 周年、抗日战争胜利 70 周年，红色旅游城市和景区持续升温，居民爱国热情上升到前所未有的高度，居民参与红色旅游的主动性不断增强。旅游景区、度假区、历史文化街区等旅游空间的红色文化元素逐渐增加，红色旅游成为一种重要的旅游形式。电影《长津湖》激发文化市场热度，带动红色旅游小高峰。沈阳志愿军烈士陵园、泰兴杨根思烈士纪念地等地，市民和游客自发祭扫献花，祭拜先烈。延安、井冈山、嘉兴南湖、古田会址、香山、国博、军博、党史馆等红色旅游景点热度攀升。科技在红色旅游场景中的应用得到年轻人的认可，青少年出游比例提升。红色旅游成为家庭亲子游的重要主题。

4. 数字技术营造游客旅游消费新场景

以大数据、区块链、5G、人工智能、物联网等先进技术为支撑，大数据推动旅游创新发展的步伐加快，线上化、数字化加速向更多旅游业场景延伸。旅游大数据平台、智慧旅游公共服务、云旅游平台、线上数字化体验、沉浸式旅游场景、全面预订、虚拟现实、数字身份识别服务、无接触入驻及依托大数据的旅游流动态调控等科技手段得到广泛应用，不但保障了游客的出游安全，提升了出游效率和满意度，还为市场主体的产品服务创新和流程优化提供了新的思路。

疫情期间，很多酒店推出无接触服务，如使用智能机器人送餐送物。各大景区普遍实行预约进入，并对游客密度进行实时监控。很多旅游目的地、景区、博物馆开通线上游览，推动“云旅游”。各大旅游企业、景区和旅游达人通过直播平台进行线上讲解和销售，云演出、云直播、云展览等各类数字文化业态，景区游览预约、错峰、限量常态化，景区监测、拥堵预警信息发布等大数据平台建设不断满足人们多元化、多层次、品质化旅游消费需求。疫情期间，全国景区都在积极进行智慧旅游景区建设，通过应用现代 IT 技术，将实现游客行为追踪、资源电子化、门票智能化和容量监控及游客时空分流等，为游客提供更加个性化的高质量服务。

5. 旅游消费日趋多元并不断升级

在国内大循环和国际国内双循环战略指引下，除局地受散发疫情扰动外，全国旅游市场稳步回升。2021 年国庆假期七天，全国国内旅游出游 5.15 亿人次，按可比口径恢复至疫情前同期的 70.1%；实现国内旅游收入 3890.61 亿元，恢复至疫情前同期的 59.9%。居民的出游热情和消费需求不断得到释放。

大众旅游新阶段和小康旅游新时代的特征更加明显，国民旅游权利更加普及，旅游消费升级越发明显。游客“精品化”“主题化”需求趋势显著，以亲子旅游、研学旅游、自驾旅游等为代表的专项市场品质提升引领市场整体升级。中国旅游研究院（文化和旅游部数据中心）调查显示，研学旅行同样的线路产品比普通旅游团高 50% 以上，但不影响游客出游热情；80% 左右的受访者表示对研学旅行很感兴趣，六成左右受访者参加过研学旅行；88% 左右的受访者在研学旅行时愿意花费 3000~10000 元。

步入全面小康社会，民众更加重视文化、旅游等精神层面的消费支出。未来是消费升级、个性张扬的小康旅游，是数字驱动、场景创造的智慧旅游，是科技创新支撑的现代旅游。消费升级不只体现在出游花费的单一指标，更多是出游内容选择的不再粗放、不再表面，而是更加注重内涵、更加注重个性、更加注重文化。中国旅游研究院（文化和旅游部数据中心）专项调查显示，9 成以上受访者认为文化消费既是生活必需品，更能提高生活质量和幸福感。《中国休闲发展年度报告 2021》数据显示，文化休闲已成为城乡居民重要的日常生活选项。近年，城镇居民文化休闲意识日益增强。与 2019 年相比，2021 年城镇居民在闲暇时间选择文化休闲的人数占比稳步上升，且随着闲暇时间增多，城镇居民文化休闲占比增幅呈现扩大趋势。城镇居民工作日、节假日文化休闲占比增幅分别为 2.8% 和 3.81%，城镇居民的文化休闲意识日益增强。

6. 以休闲街区为主体的休闲供给体系正在形成

全面建设小康社会以后，以中国梦为代表的、人民群众的美好生活方式成为国内旅游重要的供给要素，历史文化街区、旅游休闲街区、旅游度假区、城市的生活品质成为吸引游客到访的重要元素。越来越多的游客喜欢感知当地文化、体验当地生活方式。于是，以休闲街区为代表的休闲供给体系规划建设将成为地方旅游发力的重要方向，也必将成为未来目的地竞争的主要领域。目前，全国已涌现出一批承载悠久历史、彰显现代时尚与繁荣的知名街区，如北京的南锣鼓巷、上海的南京路、重庆的解放碑，还有成都的宽窄巷子、广州的天河路、哈尔滨的中央大街等。这些街区已成为外地游客和本地市民休闲旅游的必选之地。随着国家级旅游休闲城市和街区建设的持续推进，越来越多的休闲街区将成为城市的名片与象征，通过承载商业、旅游、文化休闲等功能，直接反映城市的旅游经济活力与文化环境氛围。

7. 人民对美好生活的向往成为旅游复苏的全新动能

美食旅游、体育旅游等新业态在集聚势能。新冠肺炎疫情改变了人们的出游认知，旅游和休闲的边界变得模糊，旅游空间距离逐步压缩，在近郊和周边进行美食体验、体育健身等成了高频次的休闲方式。美食是人民美好生活的基础支撑，中国旅游业也到了更加关注以美食为代表的综合生活品质提升的发展阶段。综合资本市场对美食旅游的积极反馈和地方政府的发展动态，在疫情防控常态化背景下，发展美食旅游已经成为释放旅游消费需求、培育旅游新动能的重要途径。疫情改变了人们“聚”的形式，但对“餐”的追求变得更加纯粹和执着，追求异地美食依然是强烈的梦想，美食旅游已然成了惯常的生活方式。从长期来看，美食旅游也是扩大旅游消费，促进旅游业高质量发展的有效路径。

2021 年既是东京奥运会、欧洲杯、美洲杯等重大赛事举办之年，更是 2022 年北京冬奥会的冲刺之年，体育旅游发展迎来新的高潮，2021 上半年“体育旅游”网络搜索热度较上年同期增长 115%。体育事业与旅游产业的有效衔接与深度融合，既符合当下人们日益增长的健康需求，也蕴含着促进体育产业发展、推动旅游消费结构升级的巨大经济潜力。不只美食旅游、体育旅游、红色旅游、冰雪旅游、夜间旅游等业态，都承载着人民对美好生活的新需求，蕴含着大众旅游新期待和现代旅游新动能，在未来一段时间将大有作为。

8. 旅游休闲需求呈现出边界模糊和内容清晰的双重特点

大众旅游的纵深发展和新冠肺炎疫情的持续影响，在需求端，居民并不在意是旅游还是休闲、是城市还是乡村、是景区还是全域，哪里能够提供高品质的服务，哪里就是旅游休闲的好去处。但是，对供给产品的内容变得更加“挑剔”，要更有文化气息、要更有休闲氛围、要更有气质调性。

模糊的需求边界。一是大众旅游带来旅游需求多样性。在大众旅游时代，旅游者的旅游行为丰富多样，不再局限于传统的观光旅游，而是出现了休闲、游憩、旅游、度假、旅居等多种类型，出游时间从数小时到数月不等，传统观光旅游的边界逐渐变得模糊，各种旅游行为之间甚至出现了交叉和重叠。二是旅游空间从景区向目的地拓展。在大众旅游时代，旅游者的旅游空间也不再仅仅局限于传统的旅游景区，以国家公园、自然保护地为代表的生态空间，以农业文化遗产、田园综合体为代表的农业空间，以旅游休闲城市和街区、乡村旅游重点村镇为代表的城镇空间等，都已经进入了旅游者的视野，传统旅游景区的边界逐渐变得模糊。旅游者的空间感知和活动范围已经从旅游景区转向了旅游目的地。三是文旅融合强调旅游产品文化内涵。在大众旅游时代，旅游者需求更为高级化、特色化和多样化。旅游者不是仅仅满足于标准化、舒适化的传统旅游产品，而是对旅游产品的文化内涵、旅游体验、个性特色提出了更高要求。“十四五”时期，既要求旅游景区和度假区、旅游休闲城市和街区等旅游产品要增强文化底蕴和特色，又要求国家文化公园、文物保护单位、非物质文化遗产等文化资源要加强旅游开发和利用，传统的文化和旅游边界逐渐变得模糊。

清晰的供给内容。一是供给优质旅游产品。大众旅游时代要求旅游业深化供给侧结构性改革，适应个性化、差异化、品质化的旅游消费需求，推动生产模式和产业组织方式创新，持续扩大优质旅游产品供给，满足人民日益增长的美好生活需要，推动旅游业高质量发展。特别是国家《“十四五”规划纲要》提出“建设一批富有文化底蕴的世界级旅游景区和度假区”，更是要求我国龙头旅游产品达到世界一流水平。二是文化和旅游融合发展。“十四五”时期，我国将推动文化和旅游的深度融合、创新发展。文化和旅游融合发展，要求各旅游目的地深入挖掘地域文化特色，将文化内容、文化符号、文化故事融入景区景点，把优秀传统文化、革命文化、社会主义先进文化纳入旅游线路设计。文化和旅游融合发展，还要求加强文化资源的保护利用传承水平，让展陈文物、文化遗产、古籍文字都活起来。最终，让旅游成为人们感悟中华文化、增强文化自信的过程，打造独具魅力的中华文化旅游体验。三是旅游目的地全面发展。各地旅游业的激烈竞争，已经从旅游景区层面上升到了旅游目的地层面。各旅游目的地的竞争力，已经不局限于“食、住、行、游、购、娱”等传统旅游要素和产品，而是体现在旅游目的地的经济社会综合发展水平。提升旅游目的地竞争力，要求地方政府增强各部门间的公共政策协同，整合城镇、生态和农业等旅游空间，建立政府—企业—社区的共建共享共管模式，促进旅游业与相关产业的融合发展。

二、国内旅游市场的阶梯形复苏

2021 年是“十四五”时期旅游业的开局之年，在疫情防控常态化的大背景下，旅游业界高效统筹疫情防控和复工复产，行政主体和市场主体高效配合、发展创新，努力保障特殊时期人民的旅游出行需求，相较于去年刚刚遭遇疫情时的慌乱，2021 年旅游业应对更加从容。虽然仍受偶发性疫情影响，在国家普惠稳定的利好政策支持下，全行业的创业创新推动下，人民大众仍旧高涨的出游热情下，全年国内旅游市场向好复苏。

1. 上半年补偿性复苏，下半年阶段性筑底

疫情仍是影响产业复苏的最大变量，得益于国内严格科学的防控政策和疫苗接种率，中国经济在全球范围内保持较高增速，国民经济整体发展态势良好，居民对旅游需求动能仍旧充足。2021 年前三季度国内旅游人数为 26.89 亿人次，同比增长 39.1%，恢复至 2019 年的 58.5%；实现国内旅游收入 2.37 万亿元，同比增长 63.5%，恢复至 2019 年的 54.4%（见图 2-3）。其中，城镇居民出游 19.34 亿人次，同比增长 38.2%，城镇居民国内旅游花费 1.91 万亿元，同比增长 62.6%；农村居民出游 7.55 亿人次，同比增长 41.4%，农村居民国内旅游花费 0.45 万亿元，同比增长 67.0%。大部分指标的恢复好于去年，旅游业整体在波动中稳固复苏。

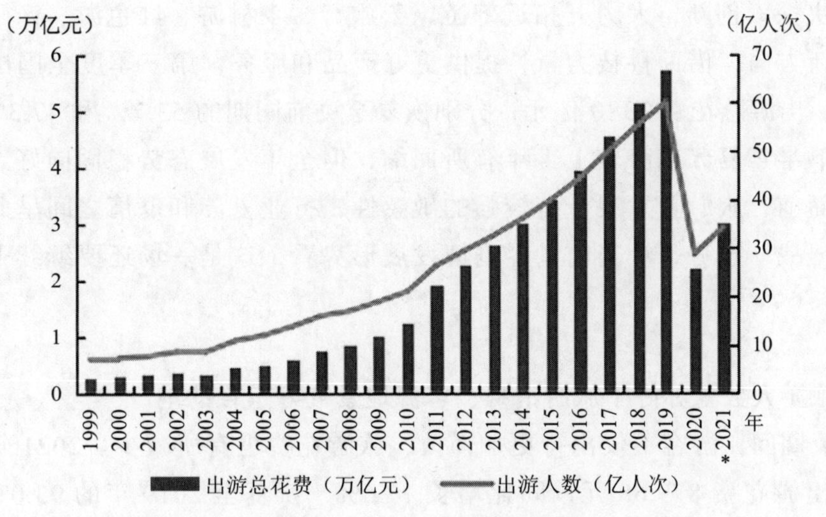

图 2-3　1999~2021 年国内旅游接待量和收入规模

数据来源：历年《中国旅游统计年鉴》

* 2021 年为预测数据。

季度来看，旅游市场上半年发展好于下半年。上半年第一季度，疫情形势整体平稳，进入冬季防控趋紧，国家提倡“就地过年”，降低人口流动的同时也减少了旅游出行，在元旦和春节两个假期的拉动下，实现一季度全国出游 10.24 亿人次，出游总花费 7375 亿元，分别恢复至疫前同期的 57.7% 和 42.7%；第二季度，疫情防控形势相对乐观，需求端“补偿式出游”，市场需求不断释放，从 3 月开始，商务型出游率先释放，伴随清明节、五一节和端午节三个假期的推动，二季度全国出游 8.47 亿人次，出游总花费 8946 亿元，分别恢复至疫前同期的 65.2% 和 84.5%，特别是五一假期，国内旅游出游 2.3 亿人次，按可比口径超过疫前 2019 年同期水平（比例为 103.2%），全国旅游市场迎来了疫情防控和复苏的战略转折点，提振了行业士气和信心。

下半年开始，受逐渐多发的疫情影响，旅游业年中开始的复苏势头未能延续。7 月份开始，全国疫情暴发频率增高，瑞丽、南京、张家界、霍尔果斯、额济纳等地陆续发生疫情并呈扩散趋势，从大局出发，国家收紧了旅游政策，文化和旅游部在 8 月 3 日和 10 月 23 日接连发布了两份加强疫情防控的通知，并在 10 月 26 日更新了《旅游景区恢复开放疫情防控措施指南》。面对这种情况，行业加快探索创新，大力开拓近郊游、云旅行、乡村游、红色游、亲子游、自驾游等新方向，借助科技力量，提供更好产品和服务，第三季度全国出游 8.18 亿人次，出游总花费 7380 亿元，分别恢复至疫前同期的 53.7% 和 47.3%。整体来看，下半年复苏态势较上半年有所回缩，但全年发展态势稳固向好。公共卫生危机面前，旅游业发展带有较强的敏感性，行业复苏和疫情之间呈此消彼长的“拉锯战”态势，从当前世界疫情发展形势看，这是一场还要继续下去的持久战。

2. 旅游人数复苏好于旅游消费，客源地景气好于目的地

疫情期间，游客不仅出行更加谨慎，旅游花费也有所减少。2021 年前三季度人均出游花费 879.68 元，同比增长 17.5%，恢复至 2019 年的 93.0%。其中城镇居民人均每次花费 990.17 元，同比增长 17.7%，恢复至 2019 年的 93.3%；农村居民人均每次花费 596.66 元，同比增长 18.1%，恢复至 2019 年的 95.4%（见图 2-4）。城镇居民人均花费大于农村居民，但两类群体的出游消费恢复比例均低于各自出游人数的恢复比例。

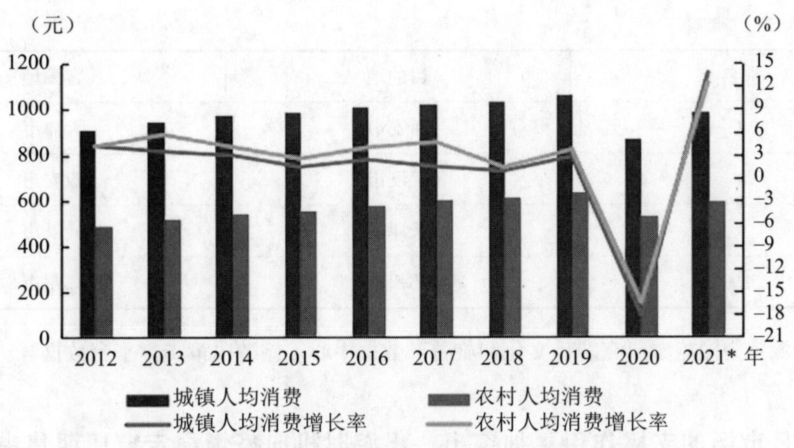

图 2-4　城镇和农村居民国内旅游人均消费情况

数据来源：历年《旅游抽样调查统计》

疫情期间跨省游、长途游等旅游出行开始减少，以本地游、近郊游、乡村游、自驾游等方式成为普遍选择，出行半径缩短和“本地人游本地”等趋势已基本成为行业共识，客源地旅游市场景气明显好于目的地。以国庆节为例，游客平均出游半径同比减少 33.66%；目的地平均游憩半径 13.1 公里，同比减少 7.75%。根据中国旅游研究院（文化和旅游部数据中心）大数据监测，2021 年 1—10 月，全国旅游目的地城市和旅游客源地城市前 10 名的名单完全一致（仅排名略有不同，见表 2-1），广州、上海、北京、深圳、成都、重庆、西安、武汉、天津、郑州等客源地城市景气度高，同时也是年内热度领先的目的地。①

表 2-1　2021 年 1~10 月旅游目的地、客源地城市排名

排名	目的地	客源地
1	广州市	广州市
2	上海市	上海市
3	北京市	北京市
4	深圳市	深圳市
5	成都市	成都市
6	重庆市	重庆市

* 2021 年为预测数据。

续表

排名	目的地	客源地
7	西安市	天津市
8	武汉市	西安市
9	天津市	武汉市
10	郑州市	郑州市

数据来源：中国旅游研究院（文化和旅游部数据中心）旅游决策支撑平台数据

3. 假日市场的支撑作用更加突出，出游时机向疫情稳定窗口期集中

根据国务院 2021 年节假日安排，全年共有元旦、春节、清明节、五一节、端午节、中秋节、国庆节 7 个假期，共计 31 天。中国旅游研究院（文化和旅游部数据中心）数据显示，前三季度节假日总天数占比全年天数的 8.8%，但旅游接待人次和旅游收入占比前三季度总量的 17.8% 和 12.3%，节假日的旅游市场集聚效应明显，成为拉动全年行业发展的重要力量。具体来看，清明节、五一节、端午节、中秋国庆全国旅游接待人数分别为 1.02 亿人次、2.3 亿人次、0.89 亿人次、6.03 亿人次，实现国内旅游收入分别为 271.7 亿元、1132.3 亿元、294.3 亿元、4262.1 亿元，四个假期接待人数总量同比增长 21.4%，恢复至 2019 年的 79.4%，旅游收入总额同比增长 11.5%，恢复至 2019 年的 66.1%。节假日旅游市场发展较去年进一步加快，旅游业的发展复苏在节假日市场指标中得到显现。

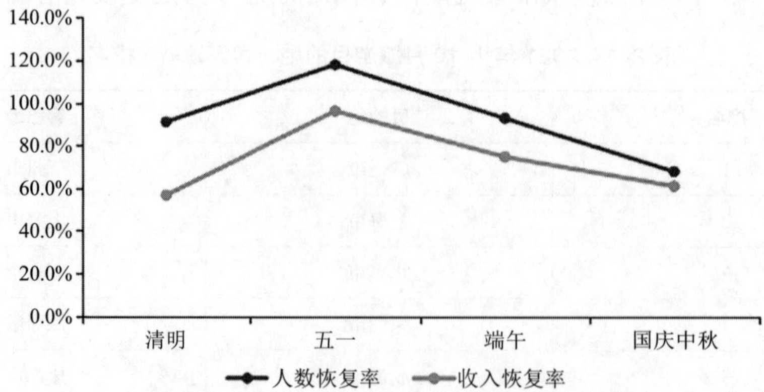

图 2-5　2021 年假日旅游接待指标恢复情况

数据来源：根据文化和旅游部发布的长假旅游相关数据整理而得

各地应对疫情防控的经验越来越丰富，执行“预约、错峰、限流”的广度和深度继续提升，城乡居民积极响应，疫情防控意识和自觉性明显提高。加之散发疫情反弹时，各地出游便利性迅速降低，进一步抑制了散发疫情期间出游意愿。致使年内游客观望情绪浓厚，更加倾向于减少非必要出游，并将出游时机更多局限在除了假期以外的疫情稳定窗口期，出游决策提前期和出游时长均有所缩短。

4.“南热北温”凸显，疫情防控的精准性和包容性较优惠措施更加有效

从地域旅游发展分析，南方省份和城市旅游市场好于北方地区。根据中国旅游研究院（文化和旅游部数据中心）大数据监测，2021 年前三季度，东部省份接待游客占比 49.7%，仅较 2019 年同期高 0.11%，变化不大。相比之下，2019 年南方省域接待国内游客占比为 56.6%，2021 年前三季度提升至 62.7%。2021 年前三季度，国内游客流入前 10 省份中，7 个位于南方；流出前 10 省份中，6 个属北方。从城市维度进一步考察，2021 年前三季度接待国内游客规模前 100 城市中，北方 48 个，接待游客人次占城市接待国内游客总人次的 41.7%；出游游客规模前 100 城市中，北方 52 个，产出全部国内游客的 45.1%；国内游客净流入前 100 城市中，北方 37 个，游客净流入量占 40.3%。其中北京、西安、郑州、长春和石家庄 5 个城市净流入占北方净流入城市总流入量的 47.7%，明显不够均衡。相比之下，南方前 5 城市净流入占比低 13.5 个百分点。

表 2–2　2021 年前三季度接待、出游和净流入前 30 位城市排名

排名	接待	出游	净流入
1	广州市	广州市	西安市
2	上海市	上海市	广州市
3	北京市	北京市	北京市
4	深圳市	深圳市	昆明市
5	成都市	成都市	贵阳市
6	重庆市	重庆市	成都市
7	西安市	西安市	深圳市
8	武汉市	武汉市	长春市

续表

排名	接待	出游	净流入
9	天津市	天津市	郑州市
10	郑州市	郑州市	上海市
11	杭州市	杭州市	杭州市
12	长沙市	长沙市	石家庄市
13	昆明市	沈阳市	南京市
14	沈阳市	哈尔滨市	武汉市
15	南京市	南京市	苏州市
16	贵阳市	昆明市	太原市
17	长春市	长春市	长沙市
18	哈尔滨市	贵阳市	沈阳市
19	苏州市	苏州市	无锡市
20	石家庄市	青岛市	乌鲁木齐市
21	南宁市	佛山市	渭南市
22	青岛市	南宁市	惠州市
23	佛山市	石家庄市	南宁市
24	福州市	福州市	宝鸡市
25	太原市	合肥市	厦门市
26	合肥市	太原市	遵义市
27	南昌市	咸阳市	徐州市
28	济南市	南昌市	合肥市
29	惠州市	济南市	珠海市
30	无锡市	惠州市	重庆市

数据来源：中国旅游研究院（文化和旅游部数据中心）旅游决策支撑平台数据

5. 旅游产品价格总水平稳定，是旅游市场持续复苏的利好

受超发货币影响，全球各类资产价格普遍走高，大宗商品价格上涨明显，加之最终需求相对萎靡，产品价格上升，但终端销售价格缺乏上涨的需求支撑，全球经济复苏的压力明显增大。我国旅游市场来说，年内旅游产品价格相对稳定，疫情以来的旅游性价比优势仍然在，有助于形成相对的“价格洼地”，带动旅游市场复苏。中国旅游研究院（文化和旅游部数据中心）大数据监测显示，2021 年前三季度国内旅游成本总体不高，住宿均价仅 241.2 元，机票均价 719.4 元，门票均价 84.5 元（不含免票景区）（图 2-6）。机票价格表现为，因执飞航班减少，机票价格同比增长约两成，仅天津、西藏和新疆进港航班票价下降，28 省上涨。18 省住宿价格同比下降，但降幅不大，多为个位数。28 省景区门票价格下降，呈普降趋势，优惠范围更大，致价格同比降约三成。可见，今年以来旅游产品价格影响因素分化，住宿价格受需求影响大，航班价格受供给影响大，门票价格受政策影响大。

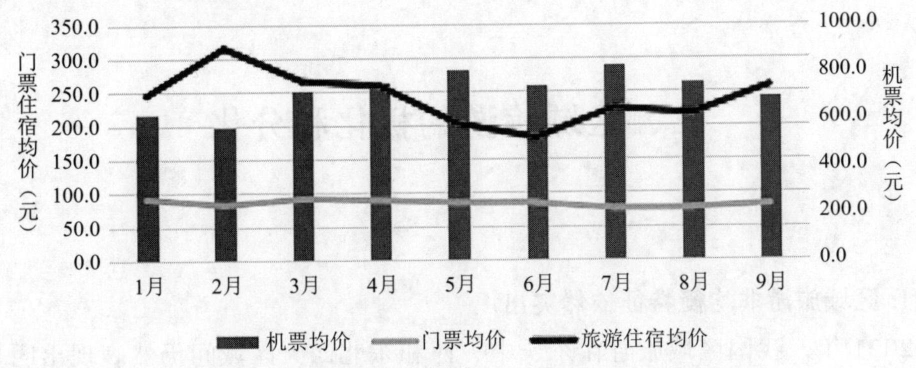

图 2-6 2021 年前三季度机票、门票及住宿价格走势

数据来源：中国旅游研究院（文化和旅游部数据中心）旅游决策支撑平台数据

分区域来看，北京、上海、浙江、海南等商务、休闲度假目的地旅游产品价格相对更高，安徽、河南、湖北、山西等经济发展水平居中、交通可达性较强的地区旅游产品价格较低，福建、天津等经济发展水平居前的地区旅游产品价格仍具优势（图 2-7）。此外，旅游住宿价格较机票价格差异更大，景区门票全国差异最小，各地越来越注重将景区打造为流量入口，而不是旅游收入的核心来源。

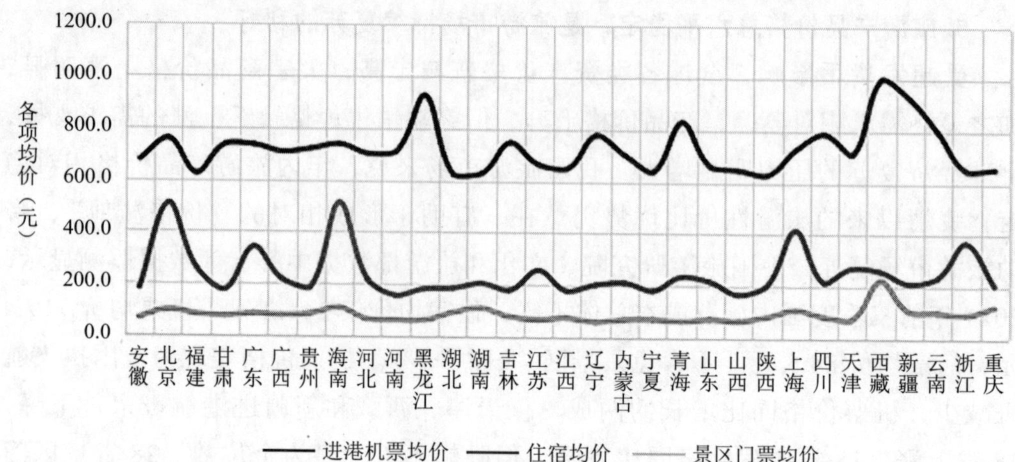

图 2–7　2021 年前三季度省域机票、门票及住宿价格走势

数据来源：中国旅游研究院（文化和旅游部数据中心）旅游决策支撑平台数据

三、区域旅游的极化和分化

1. 区域旅游非均衡特征依然突出

2021 年，我国区域旅游在东、中、西和东北四大区域间仍然表现出明显的非均衡特征。从客源市场角度，东部占据主要份额。综合考虑出游次数和停留时间，2020 年东部地区占据了 51.5% 的国内旅游客源市场，其次是西部地区占据了 26.4%，中部地区占据了 19.9%，而东北地区仅占 2.1%。各省（区、直辖市）客源市场规模和出游率差距显著。2020 年广东、浙江、重庆、江苏、湖南、湖北、上海、北京、陕西等省份既有较大的国内旅游客源市场规模，又有较高的国内旅游出游率。吉林、天津、新疆、内蒙古、黑龙江等省份的国内旅游客源市场规模和出游率都相对较低。从目的地角度，东部依然占据主要地位，但中、西部区域的增长速度更快，与东部差距逐步缩小。根据中国旅游研究院（文化和旅游部数据中心）十年来的跟踪研究，我国国内旅游接待人数延续了非均衡但收敛的发展趋势。2020 年，东、中、西三个区域的国内旅游接待人数分别为 32.18 亿人次、30.35 亿人次、32.14 亿人次，未来中、西部地区的国内旅游接待人数可能反超东部地区。但是，东北地区的国内旅游接待人数仅为 5.98 亿人次，且受疫情影响下降幅度最大，与其他三大区域差距可能继续扩大。2020 年，东、中、西三个区域的国内旅游收入分别为 43452.95 亿元、30012.04 亿元和 33822.52 亿元。虽然中、西部区域的旅游收入增长速度较快，但是总量与东部区域仍有较大差距。东北地区国内旅游收入为 6884.70 亿元，仅占全国总收入的 6.0%，与其他三大区域差距较大。我国国内旅游人均消费的区域差异明显。2020 年，东部地区国内旅游人均消费 1359.22 元，反映了东部健全的旅游产品体系和较强的旅游产业价值创造能力。东北地区国内旅游人均消费 1233.45 元，反映了东北较长的旅游停留时间和较高的旅游成本。中、西部区域的国内旅游人均消费分别为 971.43 元和 1012.77 元，与东部还有一定差距，未来在完善旅游产业体系、提高旅游服务质量等方面还有较大潜力。

2. 国内循环战略将促使区域旅游格局稳中向优

构建以国内大循环为主体、国内国际双循环相互促进的新发展格局，对区域旅游产生了深远影响。各地自下而上丰富产品类型、完善产品体系、提振消费信心、释放消费需求，在零星的疫情反弹导致跨省旅游阶段性受阻的背景下，实现了旅游产业的自我成长。据中国旅游研究院（文化和旅游部数据中心）的持续跟踪研究，2021 年，客源地潜在出游力在东、中、西三大区域之间的比例大约为 5.8：2.6：1.6，相比较长期处于“7：2：1”的三级阶梯状分布格局，继续呈现收敛趋势。即我国的客源市场有 58% 源自东部地区，26% 源自中部地区，16% 源自西部地区。而从发展趋势来看，东部地区累计潜在出游力所占比重由 2010 年的 70.0% 下降到 2021 年的 58%，呈现逐年降低趋势。于此同时，中、西部地区所占比重在不断升高，累计潜在出游力所占比重由 2010 年的 30.0% 提升到 2021 年的 42%，区域之间的差距呈现出明显的收敛趋势。传统的四个高客流产出区域：以北京为中心的环渤海都市圈、以上海为中心的长江三角洲都市圈、以广州和深圳为中心的珠江三角洲都市圈以及西南的成渝城市群，仍然是我国高客流产出区域，累计 48.5% 的出游力集中在上述传统经济区和新兴都市圈，但是相比较 2011 年的 57%，已明显下降。反映了四大核心经济区之外，国内循环等战略的产业效应开始逐步显现。

3. 城乡之间成了更愿意休闲的区域

大众旅游的纵深发展，让旅游成为人民便捷的生活选项，休闲更是以不可逆的态势紧密地融入大众的日常生活。休闲的内容和品质，已经成为衡量人民美好生活的重要指标，这是国民经济持续健康发展的必然结果，也是中央系列政策的战略指向。此次新冠肺炎疫情发生以来，早期的居家防控阶段，出门休闲被阻断，人们只能以线上线下相结合的方式居家休闲，后期的防控型复工阶段，远距离旅游不可预期，国民休闲和周边游成了人们亲近自然、舒缓疫情带来的焦虑情绪的主要方式。

休闲供需的城乡割裂，是制约现阶段居民休闲权益实现的主要障碍。追求增量与硬件的粗放发展方式，造成城市生活与休闲空间的脱节。为了让城市留下管理者的印记，追求大项目建设、标志性建筑、过量的接待设施、宽阔笔直的街道，一届政府一张图，拆了建、建了拆，城市功能破碎了、文脉断裂了、生活与休闲空间脱节了，宜居、宜游的休闲空间也就不存在了；有些城市漠视城市发展差异化的存在，过于追求增量和硬件完善，你有我也有，你上我也上，求全求快，同质化发展和恶性竞争现象明显。过分倚重城市休闲市场，漠视农民的基本休闲需求，造成农村休闲的畸形发展。农村的休闲发展，长期以城市居民为市场目标，很少顾及农民自身的休闲需求。整个农村休闲氛围就如同旅游景区一般，承受着旅游淡旺季的“钟摆效应”影响，休闲旺季门庭若市、休闲淡季则门可罗雀。

4. 身边的日常成了更愿意欣赏的风景

中国旅游研究院专项调查数据显示，自 2020 年国庆假期以来，游客平均出游距离和目的地平均游憩半径呈现双收缩趋势。国庆假期游客平均出游距离从 2020 年的 213 公里下降到 2021 年的 141.3 公里；游客目的地平均游憩半径从 2020 年的 14.2 公里收缩到 2021 年的 13.2 公里。虽然脚步放慢放近，但旅游景区依然是游客的选择。中国旅游研究院春运旅游景区监测课题组数据显示，2021 年春运期间，A 级旅游景区平均接待游客量 1101.4 万人次。春节 7 天，A 级景区日平均接待游客量达到平日的 4.6 倍，旅游景区接待游客量基本保持在全国出游人数的 1.08~1.14 倍。且客源地旅游景区恢复优于目的地，北京、上海、广州、江苏等人口密集地区旅游景区游客到访量高。近距离的都市休闲游、近郊乡村游等周边游的兴起使得社区公园、城市公园、郊野公园、主题公园、古镇村落等贴近日常生活的景区景点日益成为人们出游的首选。踢毽子、抖箜竹、打太极、广场舞已经不再是家门口居民的专利，这些活动的人群中已经出现了短期近程休闲出游的游客身影。开放和共享已经不再是旅游景区的宣传和口号，而是游客和居民切切实实的行动和选择。

第三章

港澳台旅游交流合作

2020 年至今，港澳台地区的旅游业发展遭受了疫情的严重冲击，海峡两岸暨香港、澳门的旅游交流与合作也面临严苛考验和严重困难。在严峻形势下，各方依然拉手不放手，联系不断线，采取多种方式同舟共济，共渡难关。在共同努力下，旅游交流合作的信心更加稳固，恢复的动能也正在凝聚。

一、港澳台旅游发展的数据审读

2021 年港澳台旅游业的恢复表现参差不齐。香港地区入境市场表现依旧不振，2021 年 1~9 月访港游客为 6.3 万人次，其中内地访港游客约占 73%，为 4.6 万人次。与香港相比，澳门旅游业的表现更引人注目。在 2020 年下半年疫情防控初见成效后，澳门率先与内地开放了旅游签注。旅游业得以依赖内地客源明显复苏。2021 年 1~9 月，访澳游客总计 577.6 万人次，比上年同期增长 43.2%；其中内地访澳游客占 90.7%，为 523.9 万人次。2021 年，台湾旅游业发展低迷，2021 年上半年只有 7 万游客访问台湾。

整体来看，尽管同样承受疫情冲击，但内地与港澳旅游发展前景更为明朗，台湾的政治生态导致两岸旅游交流更有不确定性。

1. 香港旅游发展现状及与内地的交流状况

香港旅游业受疫情冲击严重，目前仍处于困境。2020 年，受疫情影响，香港旅游业受到严重冲击。当年访港旅客人数从 2018 年高峰时期的 6515 万人次跌至 5591 万人次。进入 2021 年，香港入境人数有所恢复，2021 年二、三季度访港总人数恢复至上年同期的 76.3%（图 3-1）。2021 年 1~9 月，香港地区前十大客源市场（内地市场除外）分别是：菲律宾、印度、中国台湾、印度尼西亚、美国、俄罗斯、加拿大、英国、澳大利亚、韩国（图 3-2）。其中，菲律宾和印度访客人数在第一、第三季度较多，中国台湾游客访港主要集中在1—5月。

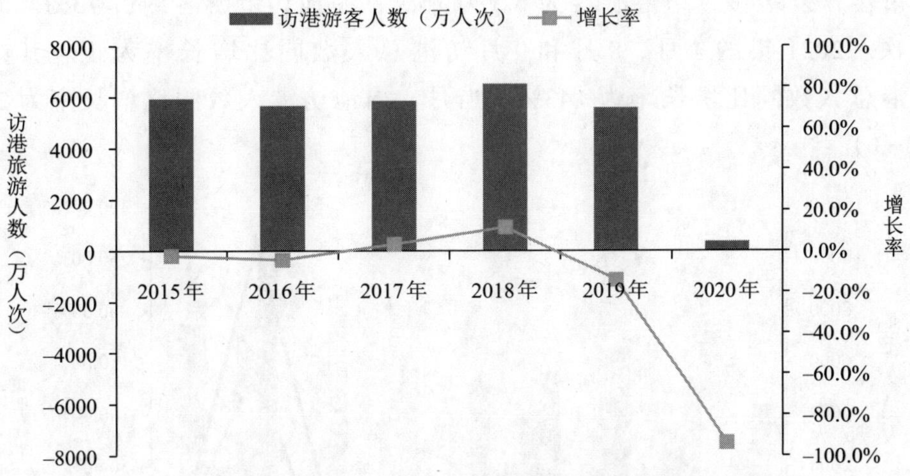

图 3-1　2015~2020 年访港游客数量变化情况

数据来源：香港特区旅游发展局网站

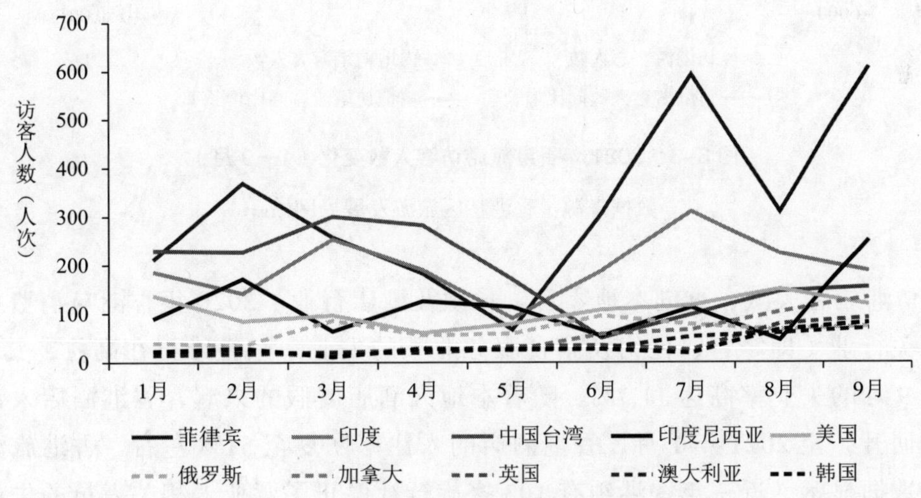

图 3-2　2021 年 1~9 月香港前十大客源市场访客人数

注：内地市场除外

数据来源：香港特区旅游发展局网站

内地赴港旅游市场出现小幅度回暖。内地向来是香港入境市场主体。2012—2020 年内地游客在所有访港旅客中的占比超 70%。2021 年 1~9 月，香港地区入境市场恢复缓慢，访港游客为 6.3 万人次，内地访港游客约占 73%，为 4.6 万人次。2021 年的 4 月、8 月和 9 月访港总人数同比增长率为正。其中，8 月访港总人数同比增长率为 143%，当月，内地访港人数同比增长率为 265%（图 3-3）。

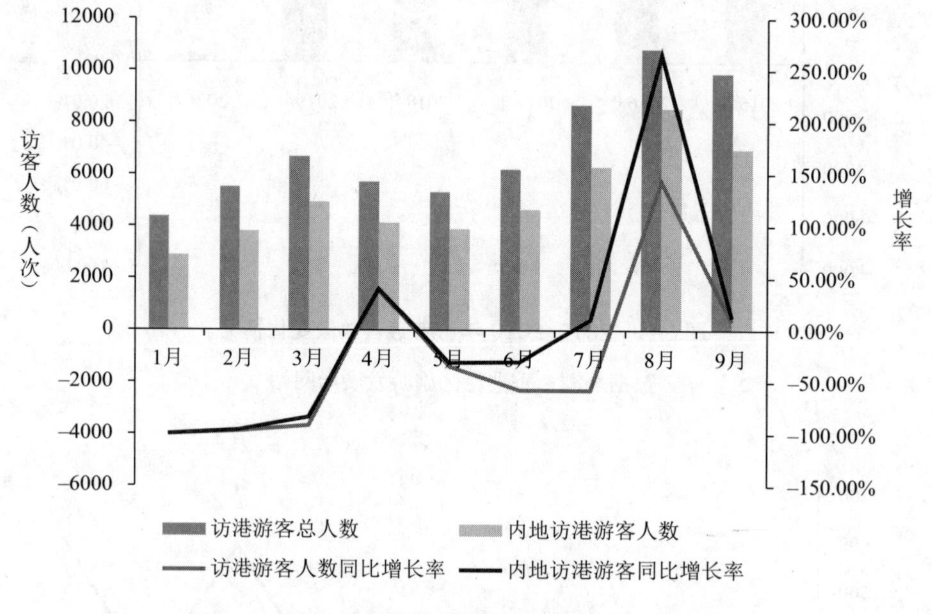

图 3-3　2021 年香港旅游访客人数变化（1—9 月）

数据来源：香港特区旅游发展局网站

访港旅客大减，重创本地零售、餐饮及酒店行业。2020 年香港与消费及旅游相关行业（即零售、住宿及膳食服务业）的失业率一直维持在高位，其中 7 月至 9 月的失业率高达 11.7%。随着本地人酒店度假的兴起，香港酒店入住率缓慢回升，至 2021 年 1 月，香港酒店的入住率恢复至 51% 左右。香港旅游业议会数据显示，近一年香港约有 103 家旅行社停止了营业，相关人员的失业率大增。

香港特区政府积极扶持旅游业。过去一年，香港特区政府共发起三轮“防疫抗疫基金”，补助包括旅游业在内的各类市场主体，资金额度在千亿元人民币以上。在疫情压力下，香港积极启动本地游市场。自 2020 年 6 月开始，香港旅游发展局推出“旅游 · 就在香港”计划，鼓励市民作自己城市的旅客，以全新角度探索及欣赏香港之美。同时，香港旅游发展局向全球推出“360 Hong Kong Moments”虚拟实境体验，以持续强化香港作为旅游胜地的品牌形象，同时确保在其他旅游泡沫形成前，香港仍能够时刻成为各地旅客首选的旅游目的地。2021 年 5 月，香港旅游发展局于线上举办艺术导览团，介绍“艺术文化 · 就在香港”的精彩活动。2021 年 8 月，香港旅游发展局通过视频直播形式，开启“咫尺自然 · 就在香港”线上导览团，与内地嘉宾连线，以云端视角解锁坪洲旅游体验。

2. 澳门旅游发展现状及与内地的交流状况

澳门旅游业复苏势头强劲。2015—2019 年，澳门入境旅客人数实现了连续 4 年的正增长，从 3071.5 万人次逐年增长至 3940.6 万人次。2020 年，在疫情冲击下，澳门入境旅客人数下降 85%，仅为 591.7 万人次（见图 3-4）。进入 2021 年，澳门旅游市场明显回暖。除 1 月外，其余月份访澳游客人数同比增长率均恢复正增长，又尤以二、三季度的复苏势头最为强劲。其中，第一季度访澳游客 173.8 万人次，恢复至上年同期的 54%；2021 年第二季度访澳游客 218.9 万人次，同比增长 43 倍；2021 年第三季度访澳游客 182.8 万人次，同比增长 143.6%（见图 3-5）。

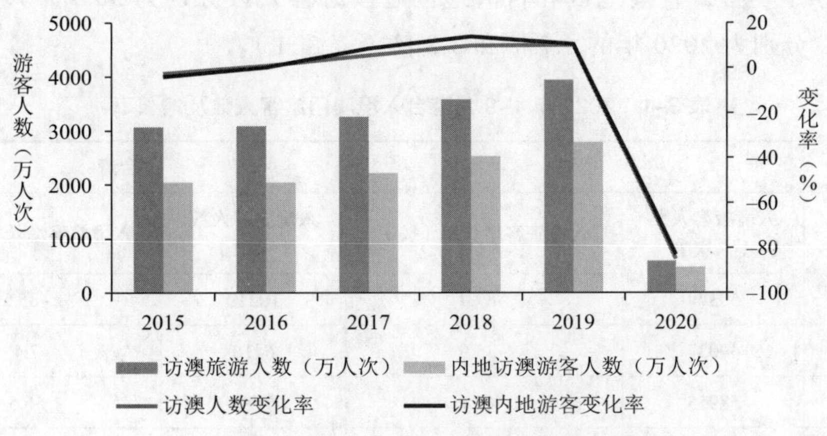

图 3-4　2015~2020 年访澳游客数量变化情况

数据来源：澳门特区旅游局网站

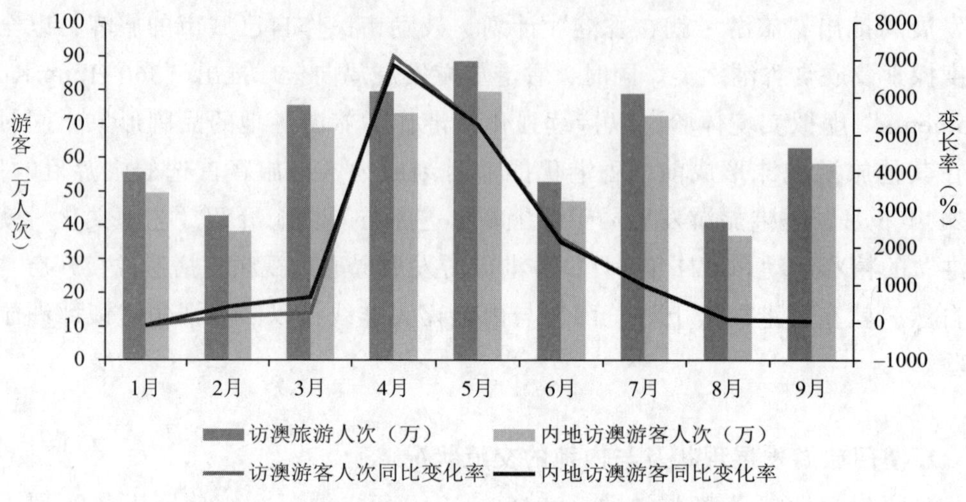

图 3-5　2021 年 1-9 月访澳游客数量变化情况

数据来源：澳门特区旅游局网站

内地游客是推动澳门旅游业复苏的基本力量。2021 年 1—9 月澳门入境旅客超 575 万人次，按年增加 43.2%；其中访澳的内地游客占访澳游客总数的比重达到 90.7%，按年增加 41.4%，为 58.30 万人次。除内地外，澳门的入境旅客还来自我国香港和台湾地区，2021 年两地赴澳门旅游的人数也出现明显回升。2021 年 4—9 月，香港地区和台湾地区赴澳游客人数分别为 30.9 万人次和 3.2 万人次，分别为 2020 年的 4.7 倍和 3.8 倍（表 3-1）。

表 3-1　2021 年 1~9 月港台入境澳门旅客人数及增长率

地区 月份	香港		台湾	
	入境旅客人数（人次）	入境旅客增长率（%）	入境旅客人数（人次）	入境旅客增长率（%）
1 月	50379	−89.4	10212	−85.5
2 月	40037	−35.9	6410	7.4
3 月	58953	−47.1	7183	56.5
4 月	56760	17204.9	7091	3276.7
5 月	64265	5327.8	6363	4086.2
6 月	52296	4479.3	4213	1192.3

续表

地区 月份	香港		台湾	
	入境旅客人数（人次）	入境旅客增长率（%）	入境旅客人数（人次）	入境旅客增长率（%）
7月	59135	847.7	5800	356.3
8月	36207	54.6	3453	20.7
9月	41156	24.3	4813	36.9
当前总计	459188	–35.8	55538	–37.8

资料来源：澳门特区旅游局网站

澳门特区政府加大推广力度吸引游客。澳门特区行政长官贺一诚在《2021年财政年度施政报告》中表示，要发挥综合旅游业作为支柱产业的引领作用，延伸旅游产业链，带动酒店、餐饮、零售、文娱等相关行业发展。鼓励业界推出更多特色旅游产品，重点推广澳门安全宜游的健康形象，加快旅游业在疫情稳定后的恢复步伐，以带动澳门整体经济复苏。为吸引更多内地旅客到澳门旅游及消费，促进澳门旅游经济复苏，澳门旅游局 2021 年陆续推出“澳人食住游”计划、电商合作促销活动、旅游会展推广、“澳门周”大型推广活动、“澳门精品游”、澳门大赛车博物馆恢复营运及社区旅游等。澳门特区政府统计暨普查局数据显示，2021 年 1–3 月共有 68 项会展活动，包括 61 项会议（同比减少 56 项）及 7 项展览（增加 4 项）。随后，澳门继续加大活动举办力度，在 2021 年 2 季度举办了 147 项会展活动，较第一季度增加 79 项，与会人数上升 1.3 倍至 31.8 万人次。与上年同期相比，会展活动增加 106 项，与会人数同比增长 13.8 倍。2021 年 7 月，第九届澳门国际旅游（产业）博览会举办，来自 38 个国家及地区 394 家参展商参与。结合线上线下形式，融合“旅游 +”元素，打造五大亮点，助力旅游及相关业界促进交流合作、共拓商机。在常态化疫情防控背景下，内地与澳门文化和旅游政府部门加强交流合作，积极谋划、主动作为，举办了一系列线上线下推介活动。仅在杭州、南京、上海举行的“澳门周”活动就推出总值超过 1.1 亿元人民币的丰富旅游优惠，涵盖机票、酒店住宿、餐饮及旅游产品等，以此推动双向旅游市场逐步复苏，消费信心重新积聚。

3. 台湾旅游发展现状及与大陆的交流状况

疫情对台湾旅游业造成严重冲击。2015—2019 年，台湾入境游客总人数从 1043 万人次攀升至 1186 万人次，年均增长率约为 3.3%，较为稳定。但是这种发展态势在新冠肺炎疫情的严重冲击下荡然无存。与 2019 年 1186.4 万人次的访台旅客数量相比，2020 年赴台游客仅 137.7 万人次，减少了 88%，创 41 年来新低（见图 3-6），进入 2021 年，情况依然没有好转，上半年只有 7 万人次游客访问台湾。

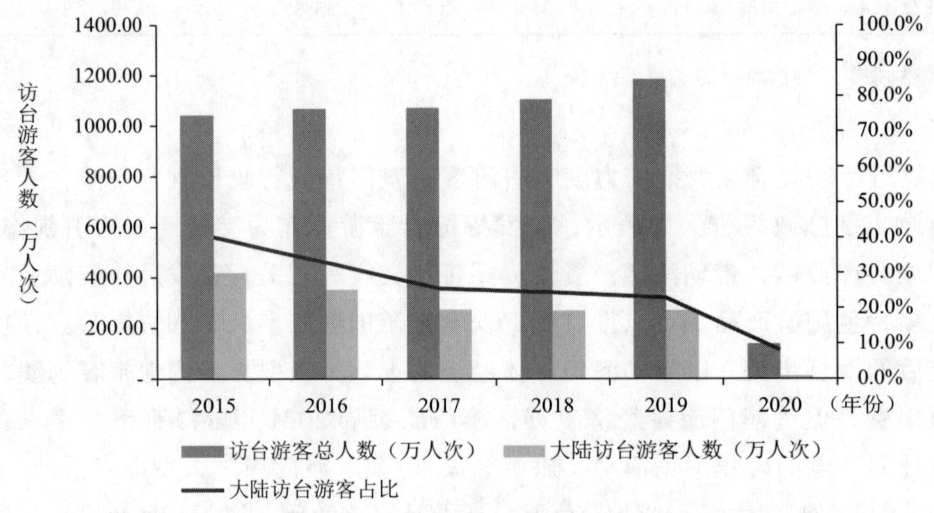

图 3-6　2015~2020 年访台游客数量变化情况及大陆游客占比

数据来源：台湾“观光局”网站

台湾旅游业恢复情况也不容乐观。台湾“观光局”统计数据显示，2021 年 1—9 月共有 10.3 万人次访台，其中第一季度访台游客 4.6 万人次，仅恢复至 2020 年同期的 3.7%；第二季度访台游客 3.1 万人次，为 2020 年同期的 2.4 倍；自 5 月中旬暴发本地新冠肺炎疫情后，台湾连续两个多月维持三级防疫警戒，对旅游业造成重创，6 月台湾境内各景点游客数同比大减 84.5%，多数县市衰退超过 90%，金门、马祖游客人数近乎为零。第三季度访台游客 2.6 万人次，恢复至上年同期的 47.8%。

大陆赴台旅游市场尚未恢复。2015—2019 年，大陆访台旅客人数占台湾入境旅客总人数的比重逐年下降，新冠肺炎疫情暴发前，就已从 2015 年的 40.1%

跌至2019年的22.9%；大陆访台旅客人数也从2015年的418万人次回落，2017—2019年稳定在每年270万人次左右。新冠肺炎疫情暴发后，大陆赴台旅游市场几乎完全停滞。2020年大陆访台游客为11.1万人次，占入境台湾游客的比重仅为8.1%，而2017—2019年此比例均值约为24.2%。2021年1—9月，台湾前十大客源市场的规模都在缩小。菲律宾和日本入境中国台湾的游客人数下降幅度较小。

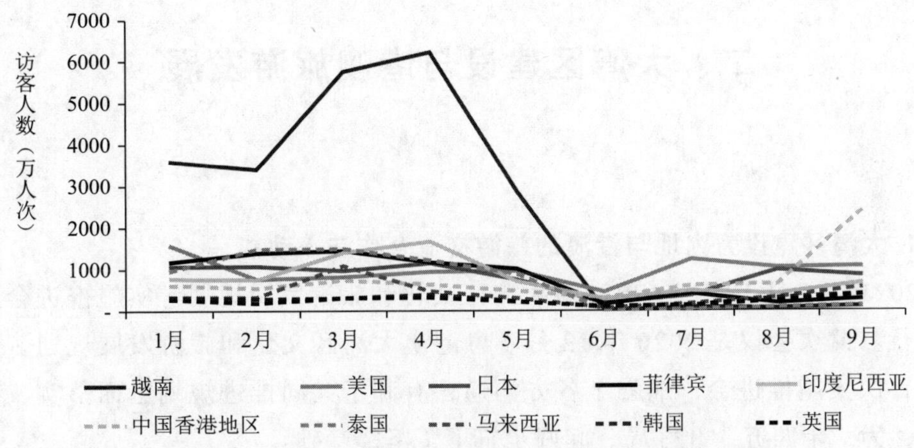

图 3-7 2021 年 1~9 月台湾前十大客源市场访客人数

数据来源：台湾“观光局”网站

“云交流”成为两岸业界交流的重要方式。2021年11月，由海峡两岸旅游交流协会（下称“海旅会”）主办的2021“美丽中华”在线系列推广活动成功举办，以在线方式共叙两岸同根同源的血脉之亲。面向台湾业界推出了众多特色旅游产品和优惠政策，为两岸文化和旅游交流合作蓄势赋能，有力地提升了两岸同胞行业回暖的信心。“云推广”助力多角度展示大陆文旅资源，如海旅会采用“云”模式举办针对台湾市场的旅游推广活动。活动聚焦“黄河之旅”“长江之旅”两大经典旅游主题产品，设置在北京、宁夏、河南、山东、四川、上海、安徽、台北、高雄的9个会场通过在线互动，向台湾旅游业界、高校代表和媒体介绍相关省（区、市）的品牌资源、新线路、优惠政策、景区恢复情况和安全防疫措施。

台湾旅行社面临困境。台湾旅行社八成从事出境游，经营入境游和境内游的各占一成。2020年新冠肺炎疫情暴发后，台湾的出境游业务受到严重影响，已有五福、金龙、凤凰等多家台湾知名旅行社相继裁员。截至 2020 年 10 月，已有 71 家旅行社解散及停业，几乎是 2019 年（37 家）的两倍。疫情前台湾旅游业从业人员约有 4.8 万人，到 2021 年 3 月底仅剩约 1.7 万人，5 月台湾本地疫情暴发后，又增加了约 1000 人失业。至 2021 年 8 月，岛内旅行社已有约八成停业，相当数量的旅行社员工只能被迫离职。

二、大湾区建设与港澳旅游发展

1. 大湾区建设为内地与港澳的旅游交流合作注入动能

2021 年 3 月 18 日，《粤港澳大湾区文化和旅游发展规划》实施推进会在广州举行。此次会议是 2020 年 12 月《粤港澳大湾区文化和旅游发展规划》出台后的首次实施推进会，加强了各方沟通，有利于共同推进规划全面落实、有效落地，为“十四五”开好局、起好步打下了坚实基础。

香港特别行政区行政长官林郑月娥的《2021 年度施政报告》表示要主动融入国家发展大局，提出建设宜居宜业宜游的香港北部都会区，在香港和深圳建立“双城三圈”。横琴粤澳深度合作区管理机构于 2021 年 9 月 17 日揭牌，横琴开发开始进入新的阶段。《横琴粤澳深度合作区管理委员会工作规则（试行）》以及《横琴粤澳深度合作区执行委员会工作规则（试行）》也已审议通过。这些都有利于扩大已有市场，创造新的市场机会，为内地和港澳地区的旅游交流合作提供了难得的契机。

2. 推动大湾区旅游业的差异化定位与协同发展

根据疫情防控的需要和对形势的判断，粤港澳大湾区将是优先恢复的方向和政策着力点。改革开放以来，香港、澳门与广州、深圳、东莞、佛山等珠三角城市错位发展，形成了既合作又有竞争的发展格局。澳门世界旅游休闲中心、广州世界消费中心、深圳社会主义先行示范区、香港北部都会区，前海和横琴合作区，将为大湾区的经济增长、贸易往来和包括旅游休闲在内的社会发展带来全新的机遇。“十四五”期间，如何形成以中心城市为主导、多圈层协同发展和大湾区旅游市场外溢的新格局，也是需要重点关注的课题。

大湾区拥有丰富的都市文旅资源，香港、澳门、深圳、广州、珠海、佛山等区内城市分布着具有全国影响力的主题公园及其他具有现代都市气息的观光地标，同时，多个海滨城市拥有优质的海滨度假设施，来自本地居民的庞大消费需求，以及入境及国内长线客流共同构成了当地旅游市场的增长动力源。香港、澳门及珠三角 9 个城市都是旅游业较为发达的地区，粤港澳旅游市场的联动开发将为区内各个城市旅游业带来可观的增量市场。从旅游产业结构特点的角度看，高度国际化的都市观光休闲娱乐也将是大湾区最具魅力的一大特色，随着区内相关资源的整合和产业链的无缝衔接，这一优势有望被进一步放大。

3. 强化市场主体的沟通交流，为大湾区旅游产业搭建多元化交流平台

多年以来，受益于自由竞争、法治精神、经济增长和“一国两制”，香港的世界旅游目的地和国际消费中心地位越发巩固，澳门世界旅游休闲中心和中国—葡语国家经贸平台地位日益彰显。香港旅游发展局、香港总商会、香港酒店协会、澳门世界旅游经济论坛的专业运作，迪士尼度假区、海洋公园、半岛酒店、美高梅、信德集团等市场主体的高效运营，香港理工大学、澳门旅游学院等高等教育的人才支撑，还有环境保育组织和社区义工都做出了贡献。需要强调的是，内地旅游业的发展成就与港澳客源市场、资本市场和品牌管理是分不开的。岭南商旅集团及其名下的花园、中酒、广之旅，长隆集团及其名下的广州、珠海野生动物园项目，深圳华侨城集团及其名下的欢乐谷系列、东部华侨城，都已经成为大湾区旅游合作不可或缺的市场主体，未来更需要强化内地与港澳市场主体间的沟通交流。

三、两岸旅游交流合作的信心与动能

1. 稳定持续的融合进程为两岸旅游交流合作带来坚强信心

2021 年，在疫情和“台独”的严重冲击下，中央坚持战略定力，保障了台海局势总体可控。从民族复兴的战略全局高度上，以“以通促融、以惠促融、以情促融”，持续为两岸的旅游交流合作提供了宝贵信心。

系列惠台利民政策的落地强化了两岸旅游交流合作的正向预期。2021 年出台并开始执行“农林 22 条措施”，支持台胞台企参与大陆乡村振兴战略和农业林业高质量发展。“农林 22 条措施”与“31 条措施”“26 条措施”一脉相承，为台胞台企参与大陆农业林业高质量发展及乡村振兴提供同等待遇。2021 年 12 月，福建省发布《关于支持厦门建设高质量发展引领示范区的意见》，提出一系列举措，包括“打造两岸融合发展先行示范区。促进厦门与金门率先融合发展，推进厦金通桥、通电、通气项目，支持实施更加便利厦金两地人员往来通关制度，做大做强赴金旅游。深化对台金融合作，创新闽台人才交流合作方式，持续办好海峡论坛等重要活动。支持建立两岸产业标准合作信息库，推进物流、电子口岸等信息化标准共通”。这些政策与两岸的融合发展密切相关，或者对两岸的旅游交流合作直接释放利好，或者有利于为两岸的旅游交流合作提供良好氛围，都强化了两岸旅游交流合作的正向预期。

“拉手不放手”的频密沟通稳固了对未来的信心。2021 年，秉持“两岸一家亲”理念，两岸旅游业保持着密切的多渠道沟通。两岸旅游行业组织、典型企业、教育机构、行业媒体和专业智库拉手不放手，线上分享经验，交流信息，共同促进政策研判和发展战略的研商，开展主题旅游活动研讨、城市旅游协作、旅游景区对接和行业协会交流等多形式合作。充分运用 5G、直播、VR、AR、大数据等现代信息技术手段，优化数字孪生、沉浸式观赛、复眼摄像等智能技术，举办“云展览”，开展“云展示”“云推介”“云销售”等。举办了“情系中华——两岸文化联谊行”“两岸旅行商大会”“守望精神家园——两岸非物质文化遗产月”等活动。这些交流与沟通维护了行业的士气，维持了旅游话题的热度，稳固了未来两岸旅游交流合作的信心。

2. 两岸旅游交流合作恢复的动能正在凝聚

两岸旅游交流合作的基调一直保持稳定，在“以通促融、以惠促融、以情促融”指引下深化两岸交流融合，共议民族复兴大计、推动落实同等待遇和助力台胞防疫。这意味着同台湾同胞分享发展机遇的政策不会变，为台湾同胞办实事做好事的举措不会变，包括旅游交流合作在内的两岸交流融合进程不可阻挡，这些都已经成为两岸旅游交流合作的强劲动能。

经贸与投资的持续成长稳定两岸人员交流基本盘，并创造了新增长点。

2021 年，两岸贸易额又创历史纪录。1~11 月，两岸贸易总额 2982.8 亿美元，同比增长 27.3%。其中大陆对台出口 707.7 亿美元，同比增长 31.2%；自台进口 2275.1 亿美元，同比增长 26.2%。大陆新设台资企业 5923 个，同比增长 34.7%。有更多台商台企增资扩产、扎根大陆发展。2021 年共有 6 家台企在大陆 A 股上市，截至目前总数已超过 40 家。两岸经贸与投资的持续稳定成长意味着相互间需要有更多的人员交流往来，这不仅稳固了两岸人员交流的基本盘，还为未来的旅游交流合作提供了新动能。

系列平台的创立为两岸旅游交流合作提供了有力依托。2021 年，两岸经济交流合作平台建设成效明显，包括：十多个省区市以线下线上结合方式举办了包括旅游在内的涉台经贸交流活动，有力推动了各地对台的旅游交流合作；鼓励并帮助涉旅台湾企业参加第四届中国国际进口博览会；设立了 2 个海峡两岸青年就业创业基地，帮助台湾青年在大陆实习就业创业。设立了 4 家海峡两岸交流基地，促进两岸同胞心灵契合；在湖南设立海峡两岸产业合作区、在山东设立海峡两岸新旧动能转换产业合作区。

3. 在疫情防控常态化下强化与港澳台旅游交流与合作

在保障安全的基础上，努力探索大陆与台湾地区、内地与港澳地区疫情防控工作有效对接的可行性，并积极推动针对性方案落地。重点探索借助健康码、疫情防控大数据等信息技术手段，设计更加灵活、积极、精准的疫情防控制度，保障游客的安全流动。加大纾困解难力度，鼓励相关市场主体采取多种方式渡过难关。积极探索“云端”传播途径与方式，推进数字化升级，不断拓展交流与推广新空间，创新交流合作模式。鼓励开展线上旅游推介会和线上媒体宣传，支持大型旅游展会或旅游交易会的主办机构将线下展会转为线上展览，探索线上线下同步互动、有机融合的办展新模式。

第四章

全球视野中的入出境旅游市场

世界疫情防控形势跌宕起伏，国际旅游业持续在低位盘整，未来发展的不确定性依然突出。在这种情势下，我国入境旅游和出境旅游都在经风历雨，没有放弃希望，也没有消极等待。在坚强应对疫情冲击的同时，主动面向新需求，开发新产品，拥抱市场复苏和产业转型。未来的入境旅游发展，需要创新体制机制，进一步促进文化和旅游推广的融合，适时组建专业旅游营销推广机构；需要利用好已有文化传播渠道，进一步融合文化和旅游推广；也要求进一步强化中国作为美食旅游目的地的形象。未来的出境旅游发展，依然有政府、市场主体和目的地的作为空间。政府层面需要持续评估疫情防控形势，加强沟通和政策协调。在确保安全的前提下探索开放出境旅游的可能性；目的地和市场主体需要在模式优化、市场推广和产品开发方面持续创新。

一、入境旅游：从未经历的萧条，从未消逝的希望

1. 疫情使我国入境旅游处于低谷徘徊中

疫情使我国入境旅游市场规模回到20世纪90年代的水平。根据中国旅游研究院（文化和旅游部数据中心）的统计数据，2020年，我国共接待国际游客2747万人次，同比下降81.1%。这一接待规模与1990年基本持平。其中，入境过夜游客797万人次，外国游客412万人次，分别下降87.9%和87.1%。

与全球各国类似，我国入境旅游也已逐渐适应疫情常态化，但疫情对我国入境旅游市场的强烈冲击依然不可小觑。根据中国旅游研究院（文化和旅游部数据中心）的统计数据预测，2021年全年，我国将接待入境游客3198万人次，实现国际旅游收入208亿美元，分别同比增长18%和23%，与2019年相比分别恢复22%和16%（图4-1）。

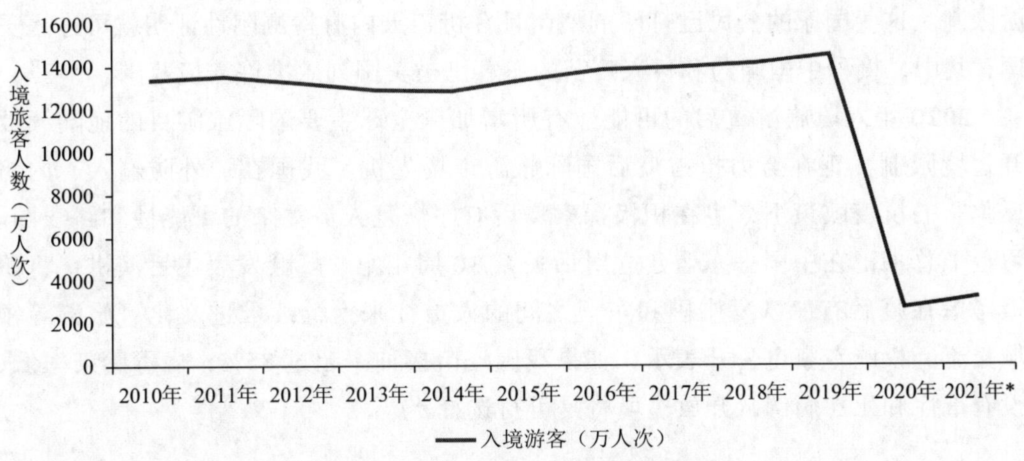

图 4–1　2010~2021 年入境游客人数

资料来源：中国旅游研究院（文化和旅游部数据中心）

注：* 为预测数据

2. 入境旅游重启有赖于全球疫情的有效防控

我国“外防输入、内防反弹”的压力较大，疫情防控任务依然艰巨，加之我国经济自给自足的能力较强，边境开放的迫切性较低，对边境开放采取谨慎态度。入境旅游何时重启还存在诸多不确定性。一方面，国际疫情形势没有走向根本性的好转，我国边境开放依然面临较大的“外部输入”压力。另一方面，得益于精准、有效的防控措施和疫苗接种工作的持续推进，我国疫情再次大规模暴发的可能性较小。但局部地区和少数城市陆续出现点状散发和线性扩散的疫情，我国依然面临着“内部反弹”的现实或潜在风险。

今年以来各国陆续对我国放开旅行限制，对我国边境放开带来一定压力。新加坡是最早对我国放宽入境限制的国家，自 2020 年 11 月 6 日起，来自中国（不包括港澳台地区）的公民通过“申请航空通行证”（Air Travel Pass）进入新加坡，游客只需在机场进行核酸检测，而无须进行隔离。欧盟在 2021 年 6 月 3 日将中国纳入“安全旅行国家名单”，中国游客可以非必要原因前往欧盟旅行，而无须遵守隔离检疫规定。但提出“需以互惠为原则，中国对欧盟对等开放才会生效”。泰国于 11 月 1 日放宽边境限制，泰国允许来自 60 多个低风险国家和地区的已完成疫苗接种的民众免隔离入境。美国自 11 月 8 日起，放宽了中国、印度、英国以及其他欧洲国家等共 33 国的入境措施，结束了长达约 20 个月的国际旅游限制。这些国家的公民已打两剂疫苗且登机三天内有检测阴性证明就可进入美国，其中，接种中国国药和科兴疫苗的游客已被美国列入准许入境范围。

2020 年入境旅游重启的可能性有所增加。全球主要国际旅游目的地陆续放开边境限制，正在努力抢占疫后国际旅游市场先机。我国在“外防输入、内防反弹”的抗疫政策下，也在积极探索疫后有序恢复人员往来的可能性和路线图。习近平总书记在中国—东盟建立对话关系 30 周年纪念峰会发表主旨演讲：将积极考虑在疫后有序恢复中国和东盟之间的人员往来，继续推进文化、旅游等领域交流。权威专家也公开表示，如果我国疫苗接种率超过 85%，病毒感染率低，没有重症和死亡病例，开放边境将是可行选择[①]。

3. 创新体制机制，进一步促进文化和旅游推广的融合

疫情迫使各国入境旅游业重整旗鼓，在不久的将来，各国将重新站在起跑线上展开竞争。在这之前，我国需在国内旅游的率先复苏中“修炼内功”，持续完善旅游基础设施。在疫情防控常态化背景下，对外交流不停止，文化和旅游推广不间断。文化和旅游推广机构应强化与境外潜在市场的联系与互动，“拉手不放手”，着力提升旅游目的地营销推广的专业性，向国际社会有效地传递真实的中国。未来的主要工作包括：

适时组建专业旅游营销推广机构。在全面建成小康社会，推进旅游业高质量发展的新阶段，入境旅游的决心绝不能动摇。2008 年以后国家旅游推广机构事实上缺位，导致旅游推广更多是具有外交性质和外宣属性。与旅游发达国家或地区比较，我国对外旅游推广队伍和人员职业化不足，推广工作的专业性需要根本性的变化和加强。已有旅游推广机构受所在体制的约束，专业化程度有待提升。比较而言，国际上竞争力强的旅游目的地均已建立专门的旅游推广机构，集政府推动、行业合作、企业参与、专业运作于一体。可重点参考和学习那些与我国类似的目的地（国土面积大、地域特色各不相同）的做法和经验。在城市越来越成为独立国际旅游目的地，积极打造世界级旅游城市的背景下，鼓励有条件的城市积极探索，成立专业化的旅游营销推广机构。

利用好已有文化传播渠道，进一步融合文化和旅游推广。与普通人生活相关的信息传递内容往往更能打动人，更能深层次地激发各国民众来华旅游的兴

---

① http：//www.chinadaily.com.cn/a/202110/12/WS61659479a310cdd39bc6e79f.html.

趣和意愿。旅游推广应主动搭上官方和民间对外文化交流活动的便车，进一步融合文化和旅游推广活动的形式和内容。例如，旅游推广部门可以根据具体需要，与在某一客源市场有广泛受众的网络文学开展合作，基于作品内容延伸出旅游线路和产品，甚至打造新的目的地 IP。

进一步强化中国作为美食旅游目的地的形象。中国美食在全球具有良好的受众基础。无论是外国游客对中国美食之旅的认可，还是 Youtube 上各大中国 UP 主上传视频中广受喜爱的美食内容，还是外国人对中国美食的自觉宣传，均体现出中国美食在全球拥有较高的知名度。未来一段时期内，文化和旅游推广机构可顺势而为，在旅游营销推广中加强与餐饮企业和美食 UP 主的合作，开展以中国美食为主题的推广活动。例如，可通过开展各种形式的线上线下活动，对比全球各地的中国餐饮与中国地道美食之间的差异，减少当地居民对中国美食的误解和偏见，展现中国美食背后的文化底蕴，持续提升中国作为美食旅游目的地的形象和吸引力。

二、出境旅游：全面停滞到艰难复苏

受疫情影响，2020~2021 年的中国出境旅游总体处于停滞状态，依然在底部盘整。由于疫情防控得力和政策协调顺畅，前往澳门的内地游客市场出现明显复苏迹象，成为出境旅游的亮点。尽管面临极大的困难，但是业界从未放弃信心，也没有消极等待，创业创新一直都在进行，出境旅游目的地也以积极的行动表达出对中国出境旅游市场的坚定信心。展望 2022 年，出境旅游市场的恢复步伐取决于全球范围内的疫情防控形势，部分疫情防控形势向好和疫情防控政策协调较为顺畅的目的地有望率先恢复。

1. 2020~2021 年出境旅游：全面停滞到艰难复苏

新冠肺炎疫情冲击下，2020 年全年出境旅游人数为 2033.4 万人次，同比减少 86.9%。2021 年，预测出境旅游人数为 2562 万人次，与 2019 年相比同比恢复 17%，与 2020 年相比，同比增长 27%。相比疫情前过亿人次的出游规模，出境旅游依然基本处于停滞状态（图 4-2）。

图 4-2　2012~2021 年出境旅游人数和变动情况

资料来源：中国旅游研究院（文化和旅游部数据中心）

从 2020 年 1 月 24 日开始，我国的出境旅游供给和需求两侧，产业和市场两侧都出现断崖式下降。2020 年 2 月我国出境旅游人数从 1 月份的上千万人次骤降至不足 60 万人次。由于团队出境旅游完全停止，随后各月只有零散游客出游，整体出境旅游人数始终在极低水平徘徊。

从出境目的地结构上看，亚洲继续在洲际目的地上占据首位，占比为 95.45%。之后依次为欧洲、美洲、大洋洲和非洲。总体上看，较近程目的地受疫情冲击的影响较小。赴亚洲、欧洲、大洋洲、美洲和非洲等地区游客同比减幅在 70% 和 95% 之间。其中亚洲减幅最小，大洋洲减幅最大。港澳台地区依然是出境旅游最主要的目的地，占据 8 成以上的份额。

排名前十五的出境旅游目的地依次是中国澳门、中国香港、越南、韩国、日本、泰国、柬埔寨、美国、新加坡、中国台湾、马来西亚、英国、澳大利亚、加拿大和印度尼西亚，其下降幅度在 66% 和 98% 之间。前往中国澳门的内地游客市场出现了明显的复苏迹象。

出境旅游持续承受全球疫情防控形势反复多变的压力。当前全球疫情防控形势依然严峻复杂。境外疫情此起彼伏，境内疫情时有散发。我国仍处于疫情动态清零进程中，境外输入病例发生并没有停止，各地仍需严加防控，这些给未来的出境旅游复苏带来了不确定性。

从短期看，疫情防控形势与出境旅游重启的可能性直接相关。各国和各地区正在有序推进新冠疫苗接种，努力复苏旅游业。在疫情控制较好的国家和地区，人员流动和旅行开始尝试走向正轨。

从长期看，疫情及与之相关的防控措施对出境旅游产生直接影响并带来连锁反应。若全球疫情防控形势长期不确定，则出境旅游复苏前提难以充分，且会面临疫情反复冲击的风险和困难。

疫苗是新冠肺炎疫情防控的关键变量，疫苗的接种率和有效率影响着旅游业的复苏进程。当前，我国疫情防控措施已经常态化，包括接种疫苗、快速核酸检测、数字健康码、发放疫苗护照、佩戴口罩、避免人群聚集等措施，给未来出境旅游复苏提供了经验借鉴和技术准备。疫情常态化防控下的国内旅游逐步复苏也给出境旅游的未来重启带来了信心。

未来，疫情防控措施将成为常态化存在，中国出境游客对安全、健康和便捷将有更高要求，出境旅游产业正在力图通过技术和模式创新适应这种新环境。

2. 出境旅游市场主体的努力和创新

2021 年，在国际国内“双循环”新格局下，国内旅游大循环对出境旅游的替代效应明显，以往的出境旅游需求将寻找境内的释放空间。这体现在市场习惯的养成上，更多的国内旅游目的地进入游客的视野，国内旅游成为具有重要竞争力的可选项和替代品，与之相关的心理模式也随之出现了明显转变。

随着国内防疫屏障的快速完善和全面复工复产，国内旅游市场复苏进程加快，也为出境旅游市场主体的坚守和创新提供了坚实支撑。

出境旅游企业在疫情期间并没有坐等政府救助，而是主动面向新需求，开发新产品，拥抱市场复苏和产业转型。出境旅游市场主体从境外业务转向境内业务，从旅游服务转向综合服务，积极拥抱线上演播、沉浸式体验、智能化产品开发和推广等数字化进程。中国旅游集团以离岛免税、线上业务为支撑，建设海南国际旅游消费中心新地标。中国旅游集团免税业务国际排名跃升至全球第一。携程从纯旅游交易型平台向“内容 + 交易”型平台转变，推出了集社区、直播和商品旗舰店三大功能的星球号，以内容担当主角，既将旅游目的地的风土人情和商户产品连接起来，又主动触发用户的旅行需求。马蜂窝将原来与境外场景匹配的产品和服务升级转换到国内，围绕省时、专业，打造完善攻略品牌“北极星攻略”，为游客提供旅行玩乐的新选择。

5G、大数据、人工智能等与旅游业的结合越来越紧密，也为未来出境旅游的复苏提供了有益的助力。疫情期间，全面预订、虚拟现实、数字身份识别服务、无接触入住以及依托于大数据的旅游流动态调控等科技手段得到广泛应用，不但保障了游客的出游安全，提升了出游效率和满意度，还为市场主体的产品服务创新和流程优化提供了新的思路。

中国的人口规模和结构是出境旅游发展的长期基本面。庞大和稳定增长的人口规模，依然具有优势的人口结构，推动着中国出境旅游市场形成稳定的发展预期。近年来，中国的家庭结构发生了重大改变。家庭户规模变小，独生子女家庭增多，少子化现象更为普遍。这些家庭结构的变化对于出境旅游需求的影响正在通过出游可能性、产品和服务偏好以及价格敏感程度等方面的变化显现出来。2020年，我国常住人口城镇化率超过60%。城镇人口的增加，城镇经济的繁荣，也为包括出境旅游在内的旅游活动开展提供了必要的基础。在放大出境旅游影响力的同时，还开拓出“小镇青年”等新的市场客源。

3. 中国游客出境旅游意愿仍在，安全预期上升

安全、近程和陪伴成为未来出境旅游的关注重点。“出境旅游的安全问题”是受访者的关注重点，影响出境游的主要因素有“安全隐患”和“时间不足”。调查数据显示，出境旅游成行的前提为疫情受到充分控制，82.8%的受访者在只有确信某个目的地不再有新冠肺炎感染时才会出行。受访者更倾向于避免选择拥挤的旅游目的地。81.6%的受访者表示未来一段时间内会选择境内旅游，而不是出境旅游。71.7%的受访者由于新冠肺炎疫情的暴发不太愿意选择航空方式出境旅行（图4-3）。

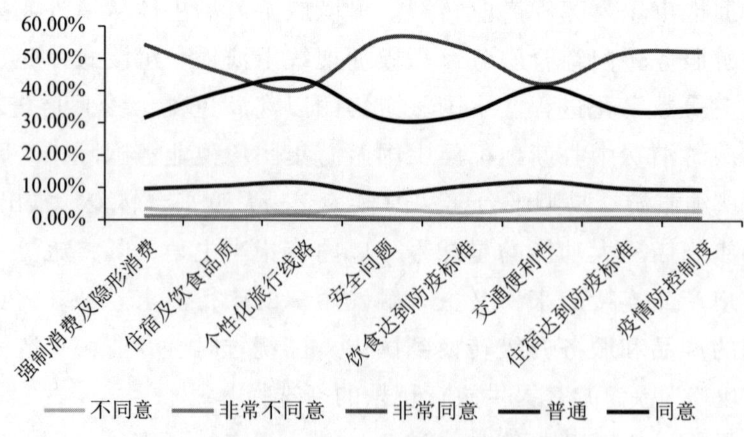

图4–3 未来出境旅游的重点关注

资料来源：中国旅游研究院（文化和旅游部数据中心）

如果有机会出境旅游，选择“全家出游”和“部分家人出游”的人数最多，选择“独自出游”和“与陌生人出游”的人数较少。

在线获取信息渠道的特征进一步强化。受访者获取出境旅游相关信息的渠道以“网络社交媒体”和“旅游相关网站”居多。疫情对受访者是否选择旅行社影响巨大，出境旅游的方式选择更加多元化。选择参加旅行社出境游的比例仅为25.08%，与2019年相比下降了37.79%。

大部分受访者对未来出境旅游的时间预期在一周以内。计划停留1~7天的受访者所占比例为六成以上，其中4~7天的受访者接近五成。计划停留15天及以上的受访者所占比例不足10%（图4-4）。

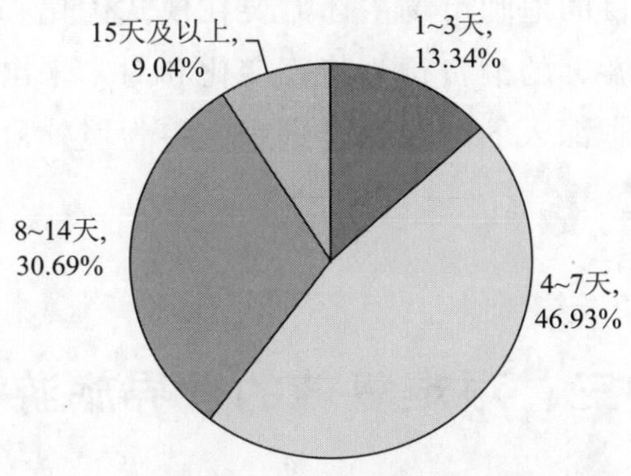

图4-4　出境游目的地预期停留时间的占比

资料来源：中国旅游研究院（文化和旅游部数据中心）

4. 2022年的展望

未来出境旅游的恢复和发展，取决于多重因素的综合作用。人民群众的生命安全和身体健康必须放在第一位，安全是出境旅游未来复苏的最重要基础和前提。出境旅游的未来复苏，首先取决于安全和发展的基础是否稳固，必须确保稳妥，不能为了放开而放开。尽管疫情持续重创出境旅游，并且压制市场的复苏，但对出境旅游的信心和希望一直都在。出境旅游市场的复苏时间，既取决于全球范围内疫苗接种速度、针对性药物的开发推广进程和防控突变病毒的成效，也受制于人民群众对出境旅游安全保障的认知和放心程度。出境旅游市场的复苏路径，既取决于出境旅游的市场主体应对社会经济结构变化、科技发展进步和出境游客心理模式变化的努力和创新，也与“国际旅行健康证明”为基础的便利化进程息息相关。疫情改变了游客的心智模式，也对公共服务和产品供给提出了更多的挑战，近程、周边和可控成为出境游客选择目的地的重要参考。中国澳门、中国香港和亚洲的近程目的地将由此获得更明确的发展机会。

对于出境旅游相关方，需要有足够的准备。政府层面：需要持续评估疫情防控形势，加强沟通和政策协调。在确保安全的前提下探索开放出境旅游的可能性；评估包括“旅游泡泡”“旅游沙盒”等在内的出境旅游开放安排可能性，推动具体方案的落地；引入和鼓励数字化进程，推动先进技术在疫情防控和出境旅游复苏中的运用；加大纾困解难力度，鼓励相关市场主体采取多种方式渡过难关。产业层面：目的地和市场主体需要在模式优化、市场推广和产品开发方面持续创新。出境游客的消费行为特征变化和对未来出境旅游的期望，供应链的重塑迭代和越来越深入的产业融合进程，将为境外目的地和市场主体等相关方的行动提供有益参考。

三、艰难复苏的世界旅游

2021年，世界范围内疫情的阴霾未散，不同区域、不同国家地区的疫情形势跌宕起伏，甚至绵延难断。在全球新冠肺炎疫情防控过程中，不平衡性依然突出。不同目的地间包括边境控制和航班安排等在内的防控要求时紧时松，相互之间的政策协调效率还有待提升，跨境旅游的安全需求短期内无法得到全面保障。加之借疫情防控之名有损便利化的单边主义和保护主义日益活跃，世界旅游发展面临的环境严峻复杂，不确定性突出。

1. 全球国际旅游发展继续在低位盘整

尽管与2020年的低水平相比有所改善，但国际旅游业仍远低于2019年的水平。2021年1~7月，全球国际游客人数比2020年又下降了40%，这比2019年大流行前的水平还低80%。得益于欧洲和美洲许多国际旅行目的地的重新开放，国际旅游业在2021年6月和7月中略有改善，特别是在欧洲。这些地区放宽对接种疫苗的旅行者的旅行限制，加上推出COVID-19疫苗方面取得的进展，有助于放宽旅行限制，提升消费者信心，并逐步恢复欧洲、美洲和世界其他地区的安全出行。加勒比、非洲和亚太地区的岛屿目的地以及一些欧洲小目的地在 2021 年 6~7 月的表现最好，入境人数接近或偶尔超过疫情前的水平。

按地区划分，2021 年前七个月的国际入境人数比 2019 年同期下降了 95%。亚太地区继续维持最大降幅，中东下降了 82%，欧洲的入境人数平均降幅为 -77%，均位居第三，美洲（-68%）的下降幅度相对较小。

按次区域划分，加勒比地区（2019 年下降 52%）在 2021 年 1~7 月的表现相对最好。与 2020 年同期相比，加勒比地区（+11%）和地中海区域（+1%）是 2021 年 1 月至 7 月唯一取得增长的次区域。在较大的目的地中，墨西哥 2021 年 6 月的旅游收入与 2019 年大致相同，7 月份比 2019 年增长了 3%。从客源角度观察，法国（2019 年下降 35%）和美国（-49%）在 7 月份均出现了小幅反弹。

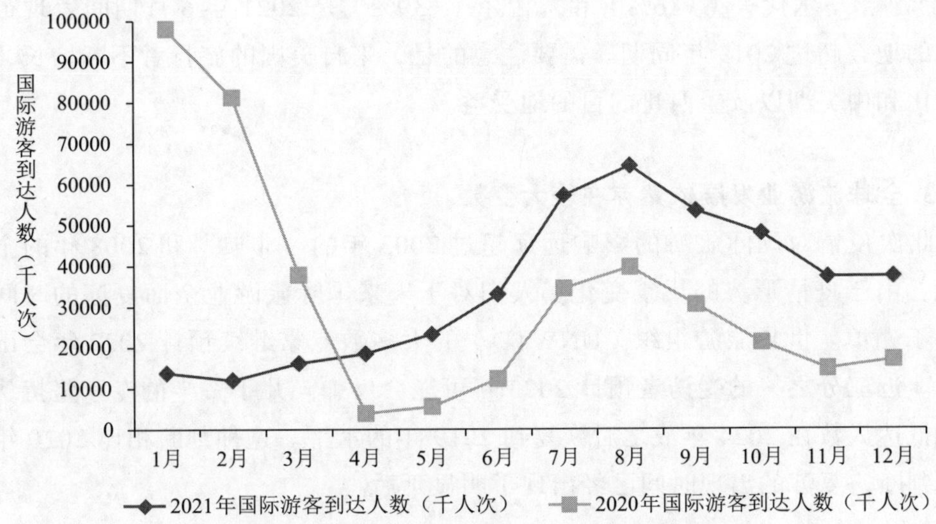

图 4-5　2020 年和 2021 年各月份国际游客到达人数

数据来源：联合国世界旅游组织（UNWTO）

从月度数据看，2021 年的国际游客数量呈逐渐恢复的态势，8 月到达峰值。与 2020 年同期相比，2021 年的国际游客数量自 4 月每月的国际游客数量均超过 2020 年同期的国际游客数量。从国际游客的到达总数来看，2021 比 2020 年增长了 4.5%，约 1800 万人次。

2. 部分目的地的国内旅游增长和跨境旅游复苏成为亮点

国际旅行正以非常低的水平波折起伏，在很多不确定性的综合作用下，复苏仍然脆弱且不平衡。但也要看到，以中国为代表的一些国家或地区的国内旅游正在明显复苏。

随着疫苗接种的持续推广，安全和负责任的旅游业重启将继续取决于各国在旅行限制、统一安全规程和有效沟通方面的协调应对措施，取决于旅游者的信心恢复进程。

加勒比地区、非洲和亚洲及太平洋地区的小岛屿以及一些欧洲小岛在 2021 年 6 月和 7 月的表现最佳，入境人数接近或有时超过大流行前的水平。阿尔巴尼亚（-2%），圣马丁岛（-4%），阿鲁巴（-9%），多米尼加共和国（-13%），安提瓜和巴布达（-14%），安道尔（-16%），库拉索岛（-22%），黑山（-33%），马尔代夫（-36%）和塞舌尔（-39%）是 2021 年 6 月期间表现最好的目的地，超过 2019 年同期。需要注意的是，来自美国的旅行者不断增长，使加勒比和中美洲以及墨西哥的目的地受益。

3. 全球旅游业发展依然存在较大变数

此次疫情对国际旅游的影响远远超过 2003 年的"非典"和 2008 年的金融危机，由于疫情形势的反复变化，人们对于未来国际旅游业全面复苏的时间估计偏于谨慎。世界旅游组织（UNWTO）的大多数专家继续预计 2022 年会出现反弹。近三分之一的受访者预计 2023 年可能会反弹。几乎一半的专家坚持认为国际抵达人数在 2024 年或之后恢复到 2019 年的水平。这种判断相比 2020 年同期的判断，复苏的出现时间已经出现了明显延后。

四、国际旅游交流合作

过去的一年里双边和多边的旅游交流以线上为主。在 APEC 中小微企业和个人利用数字工具的案例中，在中国旅游集团发展论坛、中国和非洲英语国家旅游合作研讨会、中欧旅游趋势研讨会和中韩旅游合作研讨会等一系列重要会议里，都可以看到出境旅游市场主体的拉手不放手，看到他们的坚守和创新。

在疫情防控和复工复产的中国故事讲述过程中，旅游部门扮演了积极有为的角色。在联防联控机制下，连续召开了新闻发布会，并授权专业机构发布数据、召开专业座谈会，对于及时稳定行业信心、凝聚发展共识起到了积极作用。在将近两年时间里，坚持推进“欢乐春节”和“2020中意文化和旅游年”“中国文莱旅游年”“中国马来西亚文化旅游年”“中国希腊文化和旅游年”等一系列重大活动，在APEC、金砖国家旅游高级别视频会议和二十国集团旅游部长视频会议等重要国际平台持续发声，举办了第五届中阿旅行商大会、中国和非洲英语国家旅游合作研讨会等重要行业会议，派驻前方的文化中心和旅游办事处更是积极与各方交流，做到了拉手不放手，交流不断线。

2022年，中国与意大利、希腊、中东欧等双多边旅游交流活动以及古巴、多米尼加等加勒比地区，还有非洲都在积蓄力量，中国也会在RCEP、APEC、金砖、上合等多边框架内和主场外交中发出更多的声音。未来，要加强国际旅游形势的研判和外宣推广工作，重点研究RCEP、APEC、“一带一路”、上合等双多边国际合作组织框架下的旅游业作为空间，做好疫情恢复入出境旅游市场的政策储备，要主动创设话题，及时回应国际国内的问题关切，为行业组织、市场主体提供更多参与的积极性。

未来的双边和多边的旅游交流仍然会以线上为主，政府和管理部门将根据疫情防控的需要和形势的判断，适时启动入境旅游市场恢复的可能性和路线图的研究。粤港澳大湾区、“一带一路”沿线国家和地区、东亚、东南亚将是优先恢复的方向和政策着力点。

第五章

现代旅游业体系建设

2021 年，疫情不断反复，旅游业产业景气度呈前高后低走势，旅游企业在逆境中前行，在危机中寻求转机，以创新求变探索转型升级之道，涌现出一批新模式、新业态、新产品等创新典范。在疫情倒逼、消费升级之下，旅游业正在经历旅游景区向旅游吸引物、酒店向旅游住宿业以及旅行社向旅行服务业方向的演化。新的一年，虽不能准确判断疫情走向，但相信行业已处于黎明前的黑暗，曙光有望在新的一年来临。短期内出入境旅游可能仍然受到一定限制，但国内旅游可能会逐步恢复正常，为旅游业内循环创造好的发展环境。

一、旅游景区、主题公园与旅游度假区

1. 发展形势

2021 年新冠肺炎疫情对旅游景区产生了前所未有的冲击和挑战，景区几乎成为疫情起伏的风向标，是众多受影响行业的缩影。面向中远程旅游市场的自然资源和历史文化资源型景区接待人次和综合旅游收入下降明显，而面向本地和休闲度假市场的休闲度假空间则迎来了新的发展机遇。众多景区企业坚持从危机中寻新机，于变局中开新局，更迎来“建设一批文化底蕴深厚的世界级旅游景区”的新阶段，这是景区行业发展的历史责任，也是战略机遇。

在新的形势下，随着我国文化强国战略的深入推进，如何把握景区的发展方向，需要从人民群众对全面小康时代旅游景区的新需求出发，尊重旅游经济发展规律，发挥市场主体和社会各界的积极性，以世界级旅游景区建设为抓手，培育文化引领、科技赋能的新型旅游休闲空间，实现景区转型与高质量发展，进而满足人民对美好旅游生活的需求。

2. 发展现状

游客的脚步越来越近。中国旅游研究院专项调查数据显示，自2020年国庆假期以来，游客平均出游距离和目的地平均游憩半径呈现双收缩趋势。国庆假期游客平均出游距离从2020年的213公里下降到2021年的141.3公里；游客目的地平均游憩半径从2020年的14.2公里收缩到2021年的13.1公里，并一度在2021年春节期间跌落到7.6公里。相关距离范围内的旅游景区客流增长趋势明显，而面向中远程旅游市场的自然资源和历史文化资源型旅游景区接待人次和综合旅游收入下降明显。截至10月底，已经发布业绩预告的7家传统旅游景区类上市公司前三季度业绩均不理想，张家界、桂林旅游、云南旅游前三季度都处于亏损状态，尤其三季度受疫情影响严重。

旅游景区依然是游客的选择。虽然脚步放慢放近，但旅游景区依然是游客的选择。中国旅游研究院春运旅游景区监测课题组数据显示，2021年春运期间，A级旅游景区日平均接待游客量1101.4万人次。春节7天，A级旅游景区日平均接待游客量达到平日的4.6倍，旅游景区接待游客量基本保持在全国出游人数的1.08~1.14倍。且客源地旅游景区恢复优于目的地，北京、上海、广州、江苏等人口密集地区旅游景区游客到访量高。

游客愈加青睐贴近日常生活的旅游景区。近距离的都市休闲游、近郊乡村游等周边游的兴起使得社区公园、城市公园、郊野公园、主题公园、古镇村落等贴近日常生活的景区景点日益成为老百姓的首选。踢键子、抖箜竹、打太极、广场舞已经不再是家门口居民的专利，这些活动的人群中已经出现了短期近程休闲出游的游客身影。开放和共享已经不再是旅游景区的宣传与口号，而是游客和居民切切实实的行动与选择。

3. 重点业态与领域

红色旅游引领景区行业新时尚。2021年时值中国共产党成立100周年，红色旅游关注度不断提升。刚过去的国庆节假期，北京中国共产党历史展览馆、上海中国共产党第一次全国代表大会纪念馆、延安革命纪念馆、国家博物馆、军事博物馆等场馆成为热门红色地标。随着对红色文化的深入理解和挖掘，红色旅游景区规划、建设和管理水平明显得到提升，相继涌现出《中国出了个毛泽东》《延安保育院》《延安保卫战》等多部大型实景演出和舞台艺术。井冈山、延安、瑞金、韶山、西柏坡、嘉兴等地探索出了一批可复制、可推广的红色旅游发展模式，相关的教育、培训、研讨、出版、创作等活动逐渐形成了规模。随着红色旅游的影响力越来越强，不少红色景区创新形式，将夜游、高科技、乡村游等形式融入红色旅游，让红色文化更加鲜活生动。如赣州方特东方欲晓红色文化主题公园综合运用 AR、VR、全息投影、高清巨幕、球幕、旋转平台、动感轨道船等技术手段，开发打造系列沉浸式、强互动的红色主题项目和特色景观。

冬奥会倒计时助力冰雪类景区蓄势以发。随着冬奥会的愈加临近，从南到北、从人工到自然的白色冰雪类景区正在为“市场旺、投资热、产业兴”的冰雪旅游新常态注入更多的内容和场景。贵州六盘水、云南丽江等户外山地滑雪娱乐景区与北方传统冰雪观光度假景区交相辉映。虽然疫情防控影响游客出游，但冰雪旅游市场信心已经全面恢复，发展动能正在重新集聚。中国旅游研究院专项调查表明：受访者中，55% 有意愿进行长距离冰雪旅游，82% 有意愿进行短期冰雪休闲旅游活动。因疫情影响而未释放的出游意愿以及冬奥会的举办将会促使冰雪类景区持续升温，并在长期内成为游客的常态化选项。

乡村类旅游景区市场热度提升明显。中央一号文件的发布，新型城镇化和新农村战略的推进，广大农村居民开始成为日渐增长的包括自驾、休闲、研学和亲子旅游市场的新兴消费力量。市民下乡旅游带来的外来消费，农民进城和本地休闲拉动的内生需求，共同构成乡村旅游市场的基础，助推乡村类景区市场热度提升，也将进一步影响其未来市场结构和供给模式。此外，在安徽省等景区资源突出的地区，景区和民宿融合特征日益显著，景区的存在为民宿的发展提供了可能和机会，部分民宿更是成为了自带流量的网红旅游目的地。如黄山市“喜新恋旧”“拾庭画驿”，巢湖东岸“四顶山居”“畈塘·拾吾社”等精品民宿成为独具文化特色的网红景区。

主题公园市场新的竞争格局对旅游文化业的复工复产释放强烈信号。环球影城在内测、试营业期间即成为行业和社会广泛关注的热点，几次冲上微博热搜。从现场情况看，客流量大，二次消费活跃。北京环球度假区的建设运营，一方面提振了居民的文化参与和旅游消费信心，带动周边民宿、酒店、餐饮业的发展，助力企业纾困解难。另一方面，带动北京经济新增长，促进城市形象新风貌，塑造北京新时代的城市气质和形象。与此同时，环球影城的开业为文化和旅游业高质量发展注入新动能，为“十四五”文化和旅游重点工作提供新依托，也为培育主题公园市场主体提供了新竞争格局。

4. 发展建议

以游客满意度为导向，激发市场活力，增强景区发展韧性。尽管新冠肺炎疫情影响导致旅游市场收缩，但2020年景区游客满意度仍高达82.91，连续数年位居涉旅相关行业前列。各级政府和主管部门应引导景区树立以人为本的产品研发和服务理念，把游客的需要和感受放在第一位，通过市场的检验和游客的选择实现高质量的发展目标。在旅游景区基础设施、公共服务和商业项目的建设上要体现平等、自由和无限的可能，让残障人士、亚文化群体和数字化生存不便者也能感受到生活的温暖和向上的力量。在景区行业相关工作报告中要充分体现游客满意度调查中反馈出的痛点、短板，尤其是弱势群体的旅游权益，从景区需求侧的质量管理为供给侧改革提供充分依据。

引导景区与社区融合发展，推动新型城镇化建设和乡村振兴。纵观绝大多数世界级的旅游景区并不像国内多数封闭式景区一样有物理空间边界，而是和旅游城市、旅游小镇、旅游村落等行政区甚至学校等公共空间无违和地融为一体。未来景区需要从区域的视角统一规划、共同发展，才能够增强旅游景区的可进入性、吸引力和接待能力，进一步完善景区周边基础设施和产品体系，增强旅游景区的可持续发展能力，最大化旅游景区发展带来的经济、社会和生态效益。

发挥科技引擎，增加景区文化内涵，推动文化和旅游融合发展。通过引导科技创新和数字化建设，持续推进景区预约管理、流量监测、数字导览等智慧化综合服务，发展线上数字化体验产品，培育云旅游、云演艺、云娱乐、云直播、云展览等新业态，让文化和景区旅游资源借助数字技术“活起来”，提升游客的沉浸式体验感和获得旅游服务的便利程度。景区的科技含量不仅体现在新型服务项目上，也需要体现在支撑景区运营的装备设施上。迪士尼和环球影城的相继开放，其利用新技术讲述文化故事的场景构造为国内主题公园及相关景区提供了很好的学习和实践案例。科研院所等研究机构和行业协会有必要对包括环球影城、迪士尼、乐高、六旗等国外主题公园的形态、体系、业态、企业进行系统的案例研究，以为业界讲好中国故事吸引全世界游客助力文化强国建设提供更好的借鉴和指引。

二、从酒店到旅游住宿业

1. 发展现状与形势

发展环境变局。在推进高质量发展进程中，我国经济发展正逐步形成以国内大循环为主体、国内国际双循环相互促进的新发展格局，我国社会经济发展总目标将实现从一部分人先富向全体人民共同富裕的跨越，我国还将实现 2030 碳达峰和 2060 碳中和“双碳”战略目标，数字经济上升为国家战略并加速发展。这一系列变化确定了住宿业发展的经济、社会、生态以及科技等环境基础。

住宿业市场格局变化。从旅游需求侧来看，延续 2020 年以来国内市场占据绝对主导地位的格局；国内旅游以城市近郊、周边市场为主，辅之以部分中远程市场；消费群体则是商务人士、千禧一代、银发一族、亲子家庭最为活跃；以主题酒店、精品民宿、度假村等为核心的近郊和乡村微度假、城市微度假等产品最受消费者青睐。

住宿产业格局变化。在新冠肺炎疫情和中美贸易争端双重压力下，拥有更多资源、更大腾挪空间和更强抗压能力的大中型酒店集团反倒取得了更大的成长，而小型酒店集团和单体酒店则对大型酒店集团、国有酒店集团和旅游集团以及国际酒店集团的依附性更强，这导致住宿业的产业集中度进一步提升。疫情之下，国际酒店集团加大了在我国的扩张力度，我国本土酒店和住宿企业集团发展更为迅速，《Hotels》杂志 2021 年公布的 2020 全球酒店排行榜前 20 强中我国有 7 家集团上榜，其中客房数和酒店数分别较上一年增长 33.4% 和 18.7%。从空间布局看，一方面向大型城市群集中，另一方面又有向三、四线城市以及一、二线城市社区下沉的趋势。

住宿企业积极应对挑战。新冠肺炎疫情和中美贸易争端对住宿业发展带来危机，并由此衍生的一系列挑战。今年住宿业发展同比增速总体呈前高后低走势，住宿业消费乏力，企业资金链紧张、人才大量流失、部分住宿企业服务质量下滑、硬件不能及时维修或更换，经营绩效和投资回报下降，进而导致行业投资信心受打击，资本市场对行业认可度较低，投资动力不足，资金来源受限，融资难度增加，以至于部分企业面临资金链断裂风险，部分企业已经开始出现失信违约状况。再加之地产行业的衰退，引起的运营管理、资金投入、品牌更换等系列问题。但危机中也蕴含着机遇，有为企业正在抢抓难得的时间窗口，抓住出境旅游难以成行、国内旅游迎来发展之际的机会，加快塑造培育国内品牌，以赢得国人信任；化危为机，倒逼自身进行变革创新，转型升级；部分有实力公司乘势发展壮大，并随时为疫后国际化重启做好准备。

面对挑战，住宿企业都将防疫防控放在首位，确保游客健康和安全。企业想尽一切办法开源节流，确保现金流，渡过艰难期，如不少酒店将周边街区和社区纳入服务范围，不断拓展市场空间。优化流程，研发产品，注重细节，提升服务质量，如通过无接触技术、智能化系统优化服务场景，以数字化技术赋能布草洗涤环节，剧本杀、电竞等也引入酒店场景中。部分酒店利用难得时机，装修改造，维修提升，加大培训人才力度，线上课堂纷纷上线。在定价策略上更为理性，酒店不再像以前遇到困难就大打价格战，而是在维持价格的基础上为顾客提供更多附加值。投资策略上趋于谨慎，尽量收缩战线，以轻资产模式为绝对主导，优化存量资产，尽量不启动新的项目投资。面对租赁机会，除非一、二线城市绝佳位置，否则企业也只接受托管或加盟。

2. 住宿企业以创新求变革

住宿业市场、需求、技术和成本都在变，供给必须相应变革。

一是业态上求创新。例如，开元森泊，是以“大自然”为原点，创新衍生出的以“精品度假”&“奇趣游乐”为主要卖点的全天候一站式休闲度假综合体；云南省推出具有云南特色的“精品酒店 +”旅游度假体验产品“半山酒店”；融酒店、办公、教育、健康等多功能于一体的混合业态空间；全国多家无人智能酒店开业等。

二是金融助力住宿业发展。例如，三悦科技以数据金融模式为酒店包房提供融资，不需要抵押物，只需要将酒店收款系统接入银行系统。海通恒信针对酒店推出了酒店装修定制贷，大型酒店集团推出酒店用品供应链金融业务，投资机构也推出了针对酒店的融资租赁业务。

三是大型酒店集团推出了酒店用品供应链管理系统，以降低集采成本和提高集采效率，如华住、锦江、东呈酒店集团等。

四是疫情加速了数字技术在住宿业领域的应用。包括利用大数据选址，让消费者参与酒店设计方案建议和筛选，在酒店服务方面如刷脸入住，智能机器人引导、送物送餐、客房服务等，酒店集团及集团与各分店之间的组织与协作管理，酒店的数字化营销等。但在数字化技术以及其他新技术的应用上，创新应坚持以顾客体验为中心，实现顾客价值的最大化为导向，也要平衡好科技自助与人际互动、投入成本与收益的平衡。

五是酒店与文化、艺术、时尚界、教育、健康、航空等各领域的跨界融合。同时，酒店与零售、地产、互联网等领域的跨界合作，如首旅如家上线全球商品数字化贸易服务平台首免全球购，用社群经济赋能跨境购；华住酒店集团与融创中国联姻，成立合资公司永乐华住酒店管理有限公司；美团战略入股东呈酒店集团，加速酒店市场布局的同时赋能东呈；开元旅业易帅的同时，开元酒店集团与百达屋达成业务合作，以“IP+酒店”模式开拓高端酒店及度假市场。

六是实施体制机制创新，如金陵饭店集团探索混合所有制改革和职业经理人试点工作，东呈集团与湖北清能集团进行混合所有制改革，共同注资成立了武汉东能酒店管理有限公司，并已实现四家酒店建成营业。

3. 发展趋势

在实现共同富裕的进程中推进住宿业态结构优化布局。从地产配套角度考虑，地产商都偏向于投资高端酒店；从酒店投资回收期考虑，企业都倾向于中端或中偏高端定位的酒店；而经济型酒店随着物业和人工成本的上升，投资盈利能力越差，企业都不愿意投入，导致该类酒店严重短缺。但随着共同富裕目标的提出，就既需要发展为中等收入群体服务的中端和中偏高端酒店、城市和乡村民宿，也要适当发展为高收入群体服务的高端奢华酒店，还要鼓励发展人人住得起的经济型、超经济型酒店，要逐步形成高中低比例恰当、业态丰富多元的合理结构。这就需要地方政府在福利旅游思想的指导下，对经济型和超经济型酒店改造和建设在城市更新、用地、用工和融资等政策上给予适当倾斜。尚美生活已经提出“让所有人在任何城镇都能住上好酒店”的发展理念，加大在下沉市场中的拓展力度。从区域布局角度看，鉴于旅游消费的巨大转移支付作用，发展中西部旅游和乡村旅游，能给当地带来可观的经济收入，应鼓励企业加大在中西部地区，三、四线城市旅游发展以及乡村振兴，美丽乡村建设和乡村旅游开发中对酒店和住宿设施的投资力度，特别是主题酒店、精品民宿和旅游度假村的投资。

实现“双碳”战略目标下的住宿业绿色低碳发展。在碳达峰、碳中和的大背景下，酒店和住宿业减碳发展也是必然的。在不降低酒店顾客体验和不大幅提高酒店投入的前提下，酒店在顾客抵达酒店、体验酒店和离开酒店的各个环节中都有较大的减碳空间。这方面洲际酒店集团的可持续发展案例堪为典范；国内的松赞酒店也针对环境保护、生态共处对自己提出了更高要求，并启动“零碳酒店”项目，致力于打造具有示范效应的零碳、智慧酒店；君澜酒店集团将碳中和作为其投资决策标准之一，持续加大对绿色低碳理念的布控，其旗下河北伯斯特君澜度假酒店今年被中国环境联合认证中心授予碳中和证书，成为国内第一家被中国环境联合认证中心认证的碳中和酒店。未来，可在酒店业推广“环境、社会和治理（ESG）”投资和运营标准，践行绿色低碳发展理念。

将文旅融合的理念融入住宿业发展。在国家推进文旅融合背景下，我们要认识到好的酒店本身就是一个文化载体，不论其建筑外观，还是室内装修，抑或服务特色，都能代表、体现一定的文化主题和文化元素。要倡导开发能代表我国传统文化、先进文化甚至红色文化的主题精品酒店，以传播我们的主流文化，坚定文化自信。未来在境外投资建设酒店、运营管理酒店，也要尽可能凸显我们的传统文化和先进文化。在中国旅游研究院所推出的欢迎中国项目标准中，就在一定程度上植入了我国民众的生活方式，展现了中国文化。要推进扩大开放进程中的国际化布局。要关注并研究在“一带一路”沿线城市和 RECP 成员国主要城市的投资机会。

4. 对策建议

住宿业发展中既会受到政策约束，也会得到相关政策的支持。

一方面，在严监管背景下，OTA 和民宿预订平台也会面临反垄断问题，行业曾经出现的“二选一”对酒店企业的制约会得到解决；酒店数据安全、酒店和民宿遇到的偷拍等隐私安全以及酒店涉黄等问题，也都会在严厉监管下逐步得到解决。2021 年北京 9 月下旬以来遇到的民宿下架问题只是特殊背景下的个案，不会造成全国性的传播和影响。

另一方面，延续疫情以来的政策，政府还加大了对旅游企业在融资等方面的纾困力度。下一阶段，应该研究支持住宿企业 IPO 上市问题。如开元酒店从港股退市，亚朵暂停赴美上市，仅有君亭酒店实现了在 A 股 IPO 上市。我们有必要研究住宿业上市瓶颈，推动问题解决，以支持住宿企业在资本市场持续发力。对于一直搁置而未出台的星级饭店标准，应尽快推出。未来在全国范围内，酒店投资区域的选择，除了配合国家共同富裕目标而去经济欠发达、旅游资源丰富的地方投资外，应响应政府“十四五”规划提出的发展方向，围绕世界级旅游城市、世界级旅游景区、世界级旅游度假区建设以及围绕国家级旅游休闲城市、国家消费中心城市建设等进行投资。

当前，抗疫曙光初现，行业发展进入“旱则造车，水则资车”、为未来疫后做准备的阶段，行业发展的士气不应是“一而鼓再而衰三而竭”，反而应是凝聚士气，鼓舞信心，迎接黎明的到来。

三、从旅行社到旅游服务业

需求是一切商业的原点。疫情下被压抑的旅游与休闲需求，如同峭壁上的植物，环境艰难却顽强生长，缺少阳光却抓住各种缝隙向外释放。疫情将旅行服务商重新拉回了需求原点，并向其发出新的拷问：当再次回到起点，需求是否还是原来的模样？我们拥有了感知敏锐、行动迅速的需求捕捉机制吗？我们真正激发每位员工的活力了吗？我们磨炼出来积极不抱怨、创新不退后的团队了吗？我们拥有敏捷回应需求、高效研发产品、全面赋能员工的活力组织了吗？为什么有的旅行服务商一直歇业抱怨，而有的则在危机中寻到新机，于困境中逆势飞扬？

1.“内”化的需求

疫情之下的旅游休闲需求，在空间上呈现由外向内收缩的特征，西北、西南等内陆区域，因其独特的自然生态、地广人稀的空间格局、独具特色的内陆文化，既满足了疫情下游客的安全需求，也满足了阅历渐丰的游客对自由、私密以及独特体验的向往，受到市场青睐。客观条件限制下的出行半径缩短，引起了市场对周边游产品的认知强化。都市旅游“灯下黑”“身边无风景”等固化标签和传统认知，出现了像春秋的“微旅游”、bikego 的“大咖说”、马蜂窝的

“周末请上车”、游侠客的“趣杭州”等既具人文气息，又具乐趣体验的主题旅游休闲潮品。

旅游需求不仅呈现出空间层面从国际向国内、由远程至近程的显性“内”化特征，更表现出从多点打卡到多元玩法，从追求形式到探究内涵，从完整到碎片、由表及里、向内求索的隐性“内”化特征。主题游和小团化火热的背后，是对旅行途中的深度交流、身份认同与圈子归属的显性社交诉求，这也正是Z世代游客出游的重要动机和心理诉求。相较于外在可量化的需求，游客心理层面的需求更难以直接观察并及时获取，甚至对不同游客的同类心理需求的响应方式也不一样，向旅行服务商提出了更高的挑战。旅游产品的呈现方式与形式变得前所未有的重要。想把自己拍得美美的，也希望见到的、体验到的都是美美的，审美需求已然被深度激发，并不断倒逼旅行服务商和从业人员提升自身发现美、创造美的能力。

2. 向“内”而生的市场主体

疫情下仍然有不俗表现的企业案例都告诉我们：相较于双眼紧盯着冰冷的资源，更应该一只眼睛透视需求，一只眼睛审视自己。企业的员工就如同分布式“传感器”，只有唤醒他们，才能够向外探知需求变化，向内传输有效信息。只有唤醒他们，才能够向内形成活力，向外满足需求。

激活个体，不只是一线员工，而是所有员工。旅行服务业是多触点服务行业，唯有以供给侧的每位员工去连接需求端的个体，才能快速感知需求并向内传导；唯有保障每个服务触点的服务质量，多个触点间的顺畅连接，才能造就一次完整而卓越的体验。旅游作为聚合类服务产品，每一帧服务背后都是一个个具有能动性和鲜活生命力的从业个体，对这些个体的激活不仅会为游客带来完全不同的服务体验，还可能会激发新的产品形态。

员工当然存在自驱力，但是企业对员工的激励、激活、赋能更加重要。优秀的导游、优秀的产品经理、优秀的营销团队的总和一定等于优秀的企业吗？显然不是。如何将个体有效组织起来，并释放更大的协同效应，是对企业的考验，对管理能力的考验。个人愿意付出，组织需要赋能。在信息打通、辅助决策、跨部门协调方面都有赖于组织的力量。

在人才流动加速、年轻人偏好灵活就业的趋势下，企业需要思考的是如何与优秀人才以各种可能的方式共同生长，而不仅仅是雇用与被雇用的关系。有的员工在成长后会离开企业，也有某些客户因为认可某个产品而加入了企业。当企业成为赋能每个人成长的平台，就可能会突破封闭的人力资源边界，这时企业更需关注的，是能不能吸引到最优秀的人，能不能与他们共生与共赢。

当个体不再囿限于单个企业的封闭边界之内，当人们开始探讨未来企业的形式，甚至思考未来企业还会不会存在，个人与组织的关系已然发生了深刻的变化。当企业的存在不再只为了股东的利益，商业和社会的发展要实现国民的共同富裕，未来还能够将个体组织起来的力量，可能不再是物理上的连接和制度上的约束，而是来自个体间内心的相互认同，来自组织内的哲学共有，来自于实现组织目标的同时，也能够让每个人自由而充分地发展。

3. 行政主体的“内外兼济”

面对需求侧由量向质的诉求提升和供给侧由粗到精的思想转化，旅行服务行业的行政管理也要同频回应。对旅行服务业的扶持，不仅要为其输入“硬通货”，更要助其提升“软实力”。疫情发生以来，从国家到地方均对旅行社采取了暂退质保金、减免增值税、贷款贴息、资金补助等纾困惠企政策，一定程度上缓解了企业的生存压力。

对行业整体实力的提升和培养是政府宏观引领的重要任务。在打通堵点、补上断点，全面落实各级各类纾困举措的同时，行业管理部门更应该关注行业内在的需求和痛点，深入到产业、行业、企业调研，促进整体行业结构的调整和优化提升。不只是让旅行服务企业存续下来，更要让旅行服务业“强起来”。不是唤醒那些“假装沉睡”的市场主体，而是催生、催化、培育与旅游市场基本面相适应、有商业活力和竞争力的市场主体。

未来发展中，我们应更加注重激活内生动力、内部活力，在旅行社行业数字化转型、专业化运营和人才梯队方面持续发力、久久为功。不只是建设数字化政府，更要通过政府力量驱动千万中小微旅行社无法负担却离不开的数字化新基建，强化省域、市域以及细分市场的中观微观旅游消费基本面数据分析，让数据沉淀、转化、释放。引导旅游新生力量适应新业态，实现从老旅游到 Z 世代的传承、接力，激发集群创生力量。系统规划旅游行业产品创新、体验设计、活动策划、新媒体运营、短视频营销等方面的培训赋能，加强市场调查、案例研究和专业指导，建设知识管理平台，助力从业者内功修炼、内生蝶变。

第六章

基于旅游权利保障的旅游公共服务与治理

2021年是中国共产党建党100周年，是决战决胜脱贫攻坚和全面建成小康社会之年，是全面开启社会主义国家现代化建设新征程之年，也是包括旅游在内的经济社会发展“十四五”开局之年。旅游业进入大众旅游新阶段。过去一年，全行业在各级文化和旅游部门领导下，坚持以人民为中心，在疫情防控常态化下，高度重视城乡居民旅游权利的普及和游客权益的保障。全行业着力加强疫情防控，坚守安全生产底线，持续开展不合理低价游综合治理。下一步，全行业要稳字当头，重点做好旅游业复工复业与企业纾困解难，稳住人员、稳住市场主体，做到以稳为主，稳中有进。

一、旅游权利与游客权益是现代旅游业治理的根本导向

1. 大众旅游新发展阶段治理体系的时代特征

我国所提倡的旅游是人民群众有权利享受的旅游，国民大众享受得起的旅游。事实上，旅游已经成为国民大众的日常生活选项，刚性需求特征日趋明显。从宏观层面来看，大众旅游的重要标志是旅游权利的普及化；就个体而言，则是旅游消费的日常性。回顾2021年，我们既要看到疫情期间入出境旅游全面停滞，中远程国内旅游市场全面收缩的一面，也要看到近程旅游市场和本地休闲市场需求旺盛的另一面。这意味着人民已经走出了最初的恐慌，渴望在疫情常态化时期能够过上正常的美好生活。相关研究显示，预计到2025年我国居民年均出游仍有望达到6次，国内旅游人数达到75亿人次，大众旅游发展的市场基础进一步增强。

大众旅游是指人民旅游权利得到广泛实现、旅游消费多样性与品质化并存，社区居民从旅游发展中普遍受益。旅游发展有一个逐渐普及的过程。从

1999年国庆黄金周开始，国内旅游就取代了入境旅游而成为旅游经济的市场基础。2016年，李克强总理在全国“两会”做《政府工作报告》，提出“落实带薪休假制度，加强旅游交通、景区景点、自驾车营地等设施建设，规范旅游市场秩序，迎接正在兴起的大众旅游时代”。2021年全国人民代表大会通过的“十四五”规划纲要，2021年全国文化和旅游厅局长会议更是在正面的意义上使用“大众旅游”这一名词。从历史进程看，大众旅游是我国全面建成小康社会、开启全面建设社会主义现代化国家新征程的必然要求，也是贯彻创新、协调、绿色、开放、共享新发展理念，构建国内大循环为主体、国内国际双循环相互促进的新发展格局的根本要求。

2. 紧紧围绕人民美好生活需要精准施策

现代旅游治理必须坚持以人民为中心的目标导向，坚持实现好、保障好旅游权利与游客权益。习近平总书记指出“发展为了人民，发展依靠人民”，党的十八以来，“以人民为中心”发展思想已深入人心，党中央、国务院不断深化“全心全意为人民服务”的根本宗旨，为民服务理想信念已深入人心。旅游作为提高人民生活水平的重要产业，旅游治理体系创新应坚持“以人民为中心”的发展导向，发挥服务为民作用。将旅游和人民生活联系在一起，是新时代旅游发展的基本要求，旅游治理应更加强调民众获得感，这既是旅游治理体系创新的内在要求，也是实现人民美好生活的需要。

旅游治理体系创新应坚持“以人民为中心”，紧紧围绕满足人民日益增长的美好生活需要这一根本目的精准施策。“十四五”时期我国经济将进入高质量发展阶段，旅游业作为“幸福产业”是否实现高质量发展，是否满足了人民群众的根本利益，归根结底需要通过民众的获得感、幸福感来衡量。旅游治理要更加重视地方经济社会发展水平与旅游发展目标之间的适配性，要注意倾听旅游从业者和民众的心声。无论刚刚进入市场的初级旅游者，还是旅行经验丰富的成熟旅游者，他们的旅游权利都同样需要保障，他们对服务品质的诉求都同样应当得到满足。从这个意义上说，人民对美好生活的向往，让最大多数的游客有满意度、获得感和安全感，是现代旅游治理体系的建设目标。

3. 立足游客满意度，推动旅游治理高质量发展

实现高质量发展是“十四五”期间旅游治理体系适应新发展阶段，落实新发展理念，构建新发展格局的必然要求。《中华人民共和国国民经济和社会发展第十四个五年规划和 2035 年远景目标纲要》，将扩大内需从宏观调控概念升级为经济发展战略。第十四章“加快培育完整内需体系”起首句是，顺应居民消费升级趋势，把扩大消费同改善人民生活品质结合起来，促进消费向绿色、健康、安全发展，稳步提高居民消费水平。明确要求“文旅体育等消费提质扩容”。以高质量发展为主题建设现代旅游治理体系，不是用百分之一百的社会力量让百分之一的受众满意，而是用全部的社会力量让绝大多数的人能有安全、便捷和高效的服务体验。对于 14 亿人口基数，每年 60 多亿人次出游的市场而言，高质量发展所承载的治理效能提升，必须是绝大多数游客的真实感受和消费评价。

用好游客满意度这根指挥棒，倒逼旅游治理高质量发展，是贯彻新发展理念，构建现代旅游治理体系的内在要求。现代旅游治理在探索高质量发展的过程中，必须要全面调查市场，从游客需求而不是资源供给出发，持续提升游客满意度。各级文化和旅游部门有必要建立健全旅游经济运行定期分析研判制度，以需求侧统计制度改革和大数据建设工作来牵引整个旅游统计和市场建设工作、市场研判工作。既要管好 4% 的团客，也要服务好 96% 的散客；既要管好旅游景区度假区小空间，也要用好主客共享的美好生活新空间；既要管好导游和旅行社小主体，也要培育新兴多元的旅游市场大主体。

4. 科技创新成为提升旅游治理的新动能

推进科技在旅游治理中广泛应用，将为旅游业治理加快现代化转型提供全新的动能。党的十九届五中全会通过的《中共中央关于制定国民经济和社会发展第十四个五年规划和二〇三五年远景目标的建议》和 2021 年全国人民代表大会正式通过的规划文本，都把坚持创新发展置于我国现代化建设全局中的核心地位。《文化和旅游部关于加强旅游服务质量监管提升旅游服务质量的指导意见》(以下简称《指导意见》) 提出，以数字化驱动旅游服务质量监管和提升变革，推进“互联网 + 监管”、完善“全国旅游监管服务平台”等，全面提高数字化、智能化监管水平。

推进旅游治理体系的科技创新发展，必须坚持旅游权利与游客权益导向。《指导意见》强调推动市场主体创新理念、技术、产品、服务、模式和业态，促进线上线下融合发展，支持大数据、云计算、区块链、人工智能等的应用，推动旅游企业数字化转型。《指导意见》要求加强游客合法权益保护，完善消费后评价体系，支持和鼓励地方建立赔偿先付制度，引导市场主体针对老年人等特殊群体有效提升旅游服务便利性。在建设现代旅游治理体系过程中，以服务人民为根本的科技创新成为拓展治理边界、优化治理手段、提升治理效率的关键新动能。

二、疫情防控、安全生产、不合理低价游治理

1. 加强疫情防控是旅游业复苏的重要保障

旅游抗疫取得重大成效，没有因旅游导致疫情大规模扩散。2021 年，南京、扬州、张家界、厦门等多地相继发生聚集性疫情，疫情形势严峻复杂，防控压力持续增大。文化和旅游部及地方文旅部门始终坚持“以人民为中心”的发展理念，把保障人民群众生命财产安全放在首位，配合国家打好疫情防控战，从严从紧、从细从实抓好疫情防控工作。根据疫情突发、暴发等各类情况科学研判，及时关闭旅游景区、博物馆、文化馆、剧院剧场等文旅场所，停止外访、旅行社组团业务、公众聚集性活动、星级饭店大型活动等。推广预约旅游、扫码入园、刷脸通行、无接触服务等方式，引导游客合理安排行程、分流，降低人群聚集可能导致的疫情扩散风险，“预约、限量、错峰、有序”成为旅游出行新常态。“测温、验码、登记”“一米线”、佩戴口罩等防控措施已成为游客普遍共识。在切实维护人民群众生命安全的同时，严防疫情通过文化和旅游途径传播扩散，旅游业有效应对了新冠肺炎疫情的冲击，总体上没有出现重大涉旅安全事故和负面舆情。

旅游业互助自救，保持行业发展基本稳定。2021 年，全国新冠疫苗接种快速推进，免疫屏障逐步建立。截至 2021 年 12 月 25 日，全国完成新冠疫苗全程接种人数超过 12 亿，人数比超过总人口的 85%。但“外防输入、内防反弹”的抗疫压力一直存在，从国际上看，部分国家每日新增确诊仍然高达数万例甚至更高；从国内来看，局部地区和少数城市接连出现了点状散发和线性扩散的疫情。常态化疫情防控以及局部性“熔断”机制成为旅游业恢复性发展的基本工

作。旅游市场主体的复工复业复产还面临太多的不确定性，中小微企业特别是旅行社和平台商的信心也是聚而复散。文化和旅游部大力扶持旅行社、景区、酒店等企业发展，推动使用保险交纳旅游服务质量保证金，免交缓交社会保险，加大税收、房租减免力度，为旅行社、景区应对疫情冲击提供贷款贴息，对旅游企业渡过难关起到了有力支撑，总体上没有出现因疫情旅游企业大规模倒闭和员工失业现象。

统筹兼顾防控和复业，千方百计满足人民旅游休闲需求。2021年，在国内大循环和国际国内双循环政策的指引下，旅游业始终坚持统筹兼顾疫情防控和复工复产复业，政府、企业和市场相向而行、改革创新，把疫情的冲击变成再出发的契机。在疫情冲击、哪怕有组织的旅游活动全面停止的背景下，旅游行业仍然在努力满足散客出游和市民休闲消费需求，虽然不能组织跨省团队游，但本地游、近程游、自驾游、研学游等一直顽强地存在并得到了新的发展。旅游行业加强科技手段的运用，运用数字技术将现实引入虚拟，旅游目的地从线下走上云端，更多的企业着手探索旅游业发展的新思路、新路径，BOSS直播、云旅游、微旅游等新业态、新产品、新模式不断涌现。数字文旅成为游客消费新场景，在满足游客对消费内容要求的同时也带动了旅游消费的升级。"疫苗护照""旅游泡泡""旅游沙盒"等旅行政策阶段性宽松的鼓励，国际旅游市场重启的动能正在集聚。

2. 扎实做好重点领域建设，完善旅游安全生产与预警系统

以国家安全观为引领，筑牢旅游安全屏障。习近平总书记强调，全面贯彻落实总体国家安全观，必须坚持统筹发展和安全两件大事，既要善于运用发展成果夯实国家安全的实力基础，又要善于塑造有利于经济社会发展的安全环境。这一战略思想为做好新时代旅游公共服务与治理体系建设提供了行动指南和根本遵循。旅游安全问题一直备受重视，是旅游公共服务和治理体系建设的重中之重，针对疫情防控形势，全国及地方及时调整出行政策、升级防疫措施，适时暂停跨省旅游经营活动，筑牢疫情防控和安全生产防线。边界是国家主权的象征，发展边境旅游可作为一种非军事化手段助力兴边固疆。新冠肺炎疫情暴发以来，边境旅游基本处于停摆状态，为有效防控疫情，边境普遍选择"从严"，如云南瑞丽边境实行"八个严禁"，广西发布了"十严格"。

落实旅游安全生产底线，营造安全旅游目的地。旅游目的地的竞争是经济社会发展、自然生态保护、治理体系与治理能力、文化辐射的全面竞争。随着旅游基础设施等“硬环境”逐步建立，包括旅游公共服务、旅游治理体系在内的优质“软环境”建设成为旅游目的地建设的核心内容。旅游业牢固树立安全生产理念，常态化做好关键领域、重点环节的宣传培训、风险防范、应急处置。加大对旅游企业日常安全生产工作检查和监督力度，加强安全监管，围绕重点场所、重点部位、关键环节，深入开展安全隐患排查整治，及时消除安全隐患。加强旅游包车安全、消防安全、特种设备安全、节庆活动安全管理，做好灾害天气、交通拥堵、设备停运、人员聚集、突发事件等应急预案和应急处置。完善紧急救援的机制，拓展游客求助信息连接渠道，用好“12345”热线，为旅游者营造安全、高效、放心的旅游环境，为推动旅游业稳定发展提供保障。

3. 加强“不合理低价游”综合治理，营造清朗市场环境

持续开展“不合理低价游”综合治理，维护游客合法权益。2021 年，文化和旅游部印发的《“十四五”文化和旅游市场发展规划》提出，持续优化营商环境，以专栏形式提出“‘不合理低价游’综合治理行动”。文化和旅游部和地方各级政府为整治旅游市场突出问题，持续开展了“不合理低价游”综合治理，维护游客和旅游经营者合法权益。持续开展了专项整治行动，严厉打击未经许可经营旅行社业务，严厉打击不合理低价游、黑导、黑车、不签订旅游合同等违法违规行为。加强执法培训与研讨，加大“以案释法”力度，以提升旅游市场执法监管与办案能力。为加强社会监督，引导广大游客理性消费，增强对“不合理低价游”的识别能力，文化和旅游部质检所先后两次发布“不合理低价游”投诉典型案例，曝光了“不合理低价游”的多种表现形式，持续营造了理性消费的社会舆论氛围，震慑违法违规经营行为。

加强市场主体管理，优化旅游业营商环境。为规范旅游市场秩序，文化和旅游部出台了系列举措，印发了《旅行社有序恢复经营疫情防控措施指南》，对旅行社落实质量主体责任，严格执行服务标准和服务规范提出明确要求。及时发布了《在线旅游经营服务管理暂行规定》，为在线旅游企业规范发展、恢复发展提供政策支撑。督促地方对及时发现的参与经营“不合理低价游”产品的旅行社和导游人员进行严厉查处，并按照有关规定列入旅游市场黑名单。以“不合理低价游”等信息为重点，紧盯重点国内旅游线路，对主要在线旅游平台实施监测并及时查处涉嫌“不合理低价游”的线索。督促落实平台主体责任，对平台内经营者加强主体资质、产品价格的自审自查，有力地遏制"不合理低价游"产品通过互联网销售的问题。文化和旅游部加强舆情监测，及时组织查处舆情所涉违法违规行为。贵州低价游、九寨黄龙低价游的舆情，地方文化和旅游行政部门迅速查处，依法作出行政处罚，"不合理低价游"得到有效遏制，企业诚信经营市场环境得到优化。

三、复工复业与企业纾困解难

1. 保持复工复业与企业纾困解难的政策稳定性

旅游政策稳定性有助于旅游业复工复产与企业纾困解难。2021 年在常态化疫情防控背景下，国家及部委层面出台了系列政策文件以提升旅游服务质量、促进旅游市场恢复发展。面对国内外复杂严峻形势，常态化疫情防控措施，旅游业自身脆弱性导致其发展更不均衡、更不稳定，因此政策稳定性、连续性对于保障地方政府政策执行连贯性、旅游企业发展恢复性、旅游者消费安全性、其他市场竞争主体参与性具有重要作用。总体来说"宏观把握，微观调整，抓大放小，集中解决"，让社会环境既充满活力，又能持续健康。具体来说，根据监管对象和监管内容不同，政策稳定性和连续性具有不同修订方式。对于具体的监管对象，若发展环境已严重制约其健康发展，需要全面评估其发展环境，有效分析内涵扩展以及外延延伸部分运行机制，审慎修订相关规定。对于具体的监管内容，由于社会发展过程中不可避免出现小摩擦、小震荡，但由于其内在自我完善体系，整体会趋于新的平衡，此类情况无须修订。若已严重制约社会健康发展且无法修复，应当对监管内容进行全方位评估，完整、准确、有效地进行规范和限定。

在政策落实方面，不同层面聚焦不同政策重点。在市场政策层面，充分考虑疫情防控措施和经济社会稳定发展情况，协调考虑国内旅游市场、入境旅游市场以及出境旅游市场相关政策。在企业政策方面，要充分关注旅行社、OTA、星级饭店、A 级景区、旅游车船等传统业态，特别是导游、领队、驾驶员、服务员等一线从业人员的生存状态，加强员工救助，让一线员工增强复工复业的信心，为旅游业中长期发展做好准备。在稳定行业发展同时，应充分考虑市场运行情况制定更加积极的鼓励、引导和支持措施，促进整体行业的恢复增长。

2. 以更实举措助力旅游企业纾困解难

2021 年旅游业遭受疫情、汛情等叠加影响，党中央、国务院以及各部门、各地政府紧密部署，在严防疫情通过文化和旅游途径传播的同时，加大助企纾困力度，增加政策、资金供给。截至 8 月中旬，国家发展改革委经商文化和旅游部，向各地下达了文化保护传承利用工程 2021 年中央预算内投资，共安排约 24 亿元资金，重点支持了 76 个旅游景区、旅游度假区等重大旅游基础设施建设项目及长城国家文化公园项目。文化和旅游部梳理疫情发生以来文化和旅游部及其他中央部门出台的惠及文化和旅游企业的纾困政策文件清单，并推出一批落实纾困惠企政策工作典型经验，供各地学习借鉴。

地方层面探索推进扶持政策落地。陕西省 12 个市区累计为 500 多家企业 1100 多人次宣讲政策 35 场，上门面对面走访企业 75 家，了解掌握企业发展面临的困难问题 400 余条。湖南针对张家界严重疫情，出台《关于支持张家界疫情防控当前增信心、长远补短板的十条政策措施》。江苏出台《关于助力文旅企业应对疫情影响加快恢复发展的若干政策措施》，再推重磅“苏八条”，聚焦疫情对文化和旅游行业带来的冲击和影响，加大对文化和旅游企业纾困帮扶力度，促进全省文化和旅游市场加快全面复苏。四川省委省政府从资金、项目、消费、服务四个方面重点发力，加强政策落实，创新工作机制，加大支持力度，实施精准服务，切实帮助文化和旅游企业纾困解难，全力推动文化产业和旅游产业恢复和发展。吉林推出《关于做好常态化疫情防控工作支持文旅企业发展若干措施的通知》，从扶持文旅企业渡过难关、推动文旅企业恢复发展、持续促进冰雪消费和文旅消费三方面提出 20 条具体政策措施，为文化和旅游行业复苏提振信心。

3. 以惠民便民举措加速旅游业复工复业

随着我国人均 GDP 和城乡居民收入的持续增长，旅游消费也呈现急剧增长势头。2021 年尽管受到新冠肺炎疫情冲击，我国旅游业仍然表现出强大的韧性和活力。持续推动门票价格形成机制，结合地区经济发展状况，景区规模等级差异，充分考虑旅游业恢复发展和景区正常运转制定合理门票价格。积极开展景区让利优惠活动，逐步推进免费景点的开放。大力推动面向老年人、儿童、残障人士、低收入群体等弱势群体的旅游优惠政策出台。结合旅游市场运行情况，适时推出旅游消费惠民措施，加强区域联动协作，丰富旅游消费活动场景，创新旅游消费活动形式。利用网络购物、移动支付、线上线下融合等新型消费模式，推动旅游消费线上线下融合，助力旅游消费提质升级。利用城市更新和乡村发展，大力开展旅游公共景观与公共绿地建设，完善旅游休闲步道、旅游厕所等旅游基础设施建设。

4. 以倡导“文明旅游”新风尚助力旅游业复工复业

常态化疫情防控，局部性熔断措施，都给旅游业恢复性发展带来巨大挑战。同时旅游市场供需结构变化，产业要素功能转换，都给旅游业提质升级带来重大挑战。文明旅游不仅是对游客素质提升的倡导，更是对游客出行安全的保障。强化文明旅游宣传引导、主题实践和示范引领，大力倡导爱护环境、保护生态、绿色出游、餐桌文明，推动形成适应新时代要求的文明、健康、绿色旅游新风尚。发展壮大志愿服务队伍，不断拓展志愿服务领域，激励志愿服务内容与形式多样化创新，促进各地志愿服务品质提升和品牌建设，推动文化和旅游志愿服务常态化、高质量发展。重视旅游品牌建设，围绕重要时间节点和重大主题，推出以更具公共性的旅游目的地形象展示、更具服务性的旅游信息告知和更具引领性的旅游方式旅游公益广告，提升大众旅游意识，推广中国形象。

5. 以数字化转型助力复工复业与企业纾困解难

随着数字经济深入发展，旅游数字化治理也日趋紧迫。坚持政府主导，社会参与，重心下移，共建共享，加快构建标准化均等化数字化旅游系统。一是加强基础设施数字化建设。加强互联网、大数据、人工智能等新技术与旅游深度融合，加强旅游基础设施数字化建设。二是提升数字化管理模式。利用大数据、云计算、物联网等技术，加快国家旅游公共信息服务平台和公共信息数据库建设，建设多元渠道的旅游产业数据中心。通过流量监测和数据分析加强预警提示，推进旅游景区“限量、预约、错峰”常态化，切实提高管理效能。三是推广数字化管理应用。加强标识系统数字化智能化升级改造，推进数字导览服务，提升便利度，改善服务体验。加强旅游交通设施、旅游集散中心、旅游服务中心、景区停车场、旅游安全设施、旅游通信设施以及资源环境保护设施等旅游基础设施数字化改造。四是加强数字化保障服务。充分利用智慧景区的生态环境监测系统、地灾监测预警系统、森林防火监测系统以及遗产景观监测系统等多个系统，提升景区运行效率和游客游览安全。

第七章

游客满意与高质量发展

2021 年全国游客满意度同比增长 1.88%，达到 82.47 的历史最高满意水平，成为疫情常态化防控形势下旅游经济高质量发展的最大亮点。尽管局部疫情频发，但国内疫情防控整体形势向好，居民出游需求持续释放，国内旅游服务质量的提升，得益于现代化旅游治理体系的逐步完善，得益于各地文旅主管部门在文化和旅游丰度上的不懈努力，得益于旅游企业的积极创新，得益于疫情之下游客对安全、品质的更高追求。随着旅游市场的下沉与消费升级的加速，本地、近程、散客、自驾等出游趋势主导下，游客期待更多的本地文化参与和体验、更高的休闲品质和温度。要制定更加精准化的疫情防控政策，加快释放观光、休闲和度假等弹性需求，密切关注城乡居民文化休闲权利的均等化，全面提升本地休闲和异地旅游的文化参与品质。

一、2021 年国内旅游服务质量稳步提升

2021 年国内游客满意度为 82.47，同比增长 1.88%，达到历史最高水平，成为疫情常态化防控形势下旅游经济高质量发展的最大亮点。常态化疫情防控形势下，入出境旅游依然停滞，国内局部疫情频发让旅游市场波动和变数不断，居民出游半径缩短，旅游消费日趋谨慎，但国内游客满意度依然保持了稳中有升，得益于现代化旅游治理体系的逐步完善，得益于各地文旅主管部门在文化和旅游丰度上的不懈努力，得益于旅游企业的积极创新，得益于疫情之下游客对安全、品质的更高追求（图 7-1）。

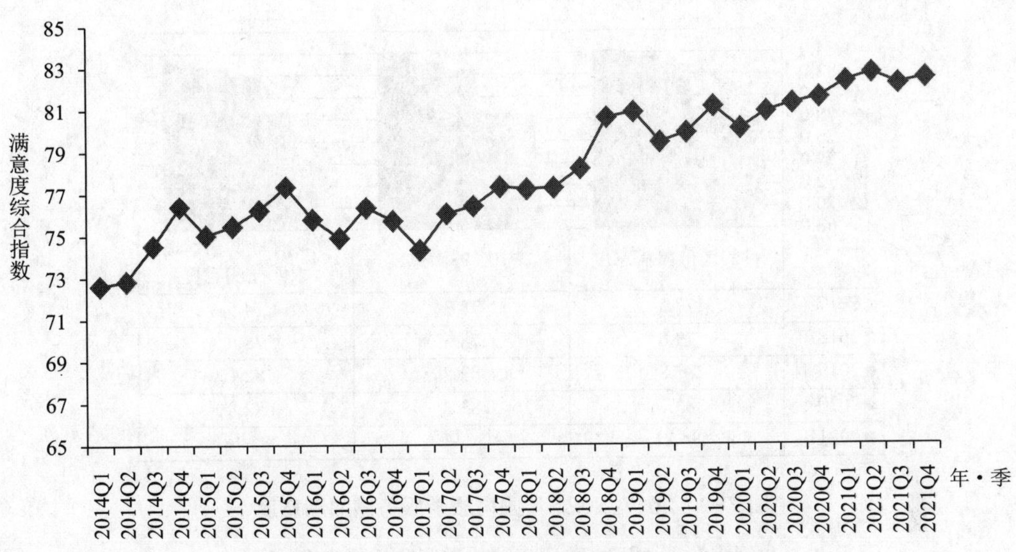

图 7-1　2014—2021 年国内游客满意度综合指数

数据来源：中国旅游研究院全国旅游服务质量专项调查

旅游现代化治理体系的逐步完善成为游客满意度提升的基础支撑。除了自然风景、历史文化等特色文化和旅游产品，游客同样关注和期待旅游市场的综合整治和旅游目的地全域环境的改善，包括但不限于旅游消费性价比、停车场管理和厕所卫生的改进，大型购物场所和文化设施的增设等，这意味着游客对景区景点和宾馆饭店等传统旅游空间以及现代消费场景提出了更高的要求。2021 年，文化和旅游部持续加强旅游市场整治，推进未经许可经营旅行社业务专项整治行动，严查“不合理低价游”等违法违规经营行为，加强导游队伍建设等，旅游行业治理成效显著，目的地推广、基础设施建设、公共服务完善等基础性工作扎实推进，国内旅游服务质量稳步提升。中国旅游研究院旅游服务质量及游客行为专项调查（以下简称“专项调查”）显示，53.9% 的受访者认为出游体验好于 2020 年，其中，游客对于国内旅游目的地形象感知、游中服务、实际体验与游客需求匹配的满意度均呈现明显增长（图 7-2）。

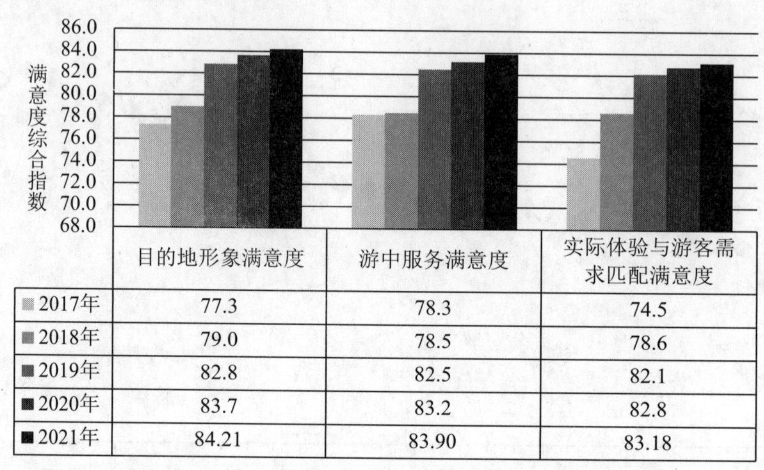

	目的地形象满意度	游中服务满意度	实际体验与游客需求匹配满意度
2017年	77.3	78.3	74.5
2018年	79.0	78.5	78.6
2019年	82.8	82.5	82.1
2020年	83.7	83.2	82.8
2021年	84.21	83.90	83.18

图 7-2 2017~2021 年国内旅游服务感知满意度

数据来源：中国旅游研究院旅游服务质量专项调查

各地政府积极拓展文化和旅游休闲丰度，为游客满意提供有力保障。2021 年，各地在主客共享目的地公共服务方面开展大量的创新探索。杭州“民呼我为”项目为老年人提供更友好的游览服务，新建老百姓身边的杭州书房。重庆以夜间文化和旅游消费集聚区为阵地打造“七个夜”产品体系，推进优秀文化产品的全民共享，丰富市民和游客的休闲生活。本地、近程、自由行主导的市场形势下，旅游城市加速了与影视综艺、游戏电竞、沉浸娱乐等产业融合，通过场景创新、内容创新、营销创新不断刷新城市印象，实现最大限度的引流。中国旅游研究院和马蜂窝联合研究数据显示，24.5% 的国内游客在观看某部综艺节目后，会对取景地动心，想亲身感受镜头里的风景，走相同的游玩线路。苏州携手穿越火线，把苏州第一传统老街观前街改造成“苏城遇谜城”的 IP 主题街区，游戏里的 BOSS 空降观前街老字号招牌。360 度观景滨江游轮“长江传奇”将南京旅游从“秦淮河时代”带入“扬子江时代”。2021 年，环球影城盛大开园，打造首都文化和旅游新地标。需求快速变化趋势下，城市向内挖掘日益深化，城市标签丰度增加，新地标快速涌现，不断积聚和维持城市热度。2021 年，杭州、西安、重庆、北京、青岛、苏州、成都、济南、海口、厦门游客满意度位居前列。专项调查显示，2021 年旅游细分业态综合服务能力显著提升，游客满意度均较往年有所提高，其中，公共服务、娱乐、购物、住宿游客满意度增幅显著（图 7-3）。同时，国内旅游服务质量区域不均衡的问题依然存在，延边、赣州、银川、拉萨、西宁等城市游客满意度长期偏低，旅游服务质量有待进一步提升。

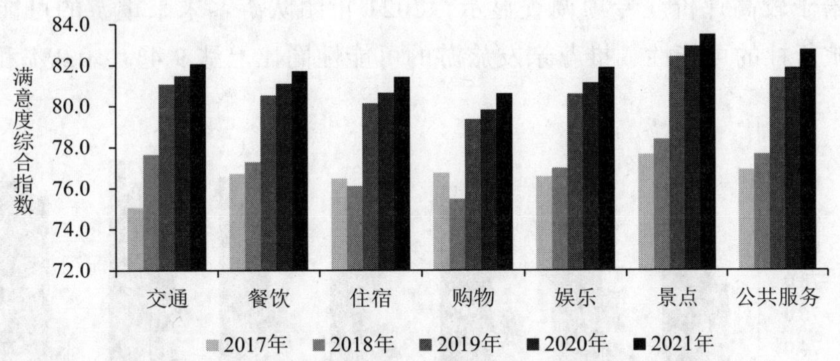

图 7-3 2017~2021 年各细分业态的国内游客满意度

数据来源：中国旅游研究院全国旅游服务质量专项调查

旅游企业的产品创新是推进旅游服务质量提升的核心动力。本地化、近程化出游趋势下，旅游企业立足需求向内挖掘，春秋的“城市微旅游、建筑可阅读”、携程的星球号和乡村建设、中旅旅行房车剧本杀、南京旅游集团的“长江传奇”、马蜂窝的“周末请上车”、同程旅行的“嗨玩 48 小时”等创新产品有效激发了市场活力。散客化时代，旅行服务商加快创新自救，依托私家小团组织、旅游定制设计、精细化特色化等服务，通过高端品质路线有效吸引跟团客流。以 2021 年暑期携程跟团游数据为例，私家团延续了自跨省游恢复以来的增长势头，暑期私家团订单量较 2019 年同期增长达 169%。定制游市场呈现供需两旺的特征，携程定制游订单量较去年同期增长超 7 倍，入驻携程平台的定制游供应商数量同比增长 65%。团游硬件配置与服务升级保障游客安心、舒适出游。目前跟团游市场游客对高星、高钻产品的需求不断增加，基于安全、品质诉求，高端团游产品在交通、住宿、购物场景等环节提供的高配置服务显著优化了游客体验。以携程四钻以上团游产品为例，住宿方面，游客入住酒店均为豪华型高钻酒店，行程备选酒店数量保持充足配置，酒店信息更加透明化；交通方面，旅游用车空座率不低于 10%~15%；购物方面，行程内不进购物店，让旅途更加安心自由；自费项目仅推荐产品自费项目列表中列明的内容，让消费更加清晰；人员服务方面，定制师、随行司机、导游在各自领域的服务不断精细，这些都为游客的高品质体验提供基础支撑。2021 年旅游服务质量专项调查显示，跟团游客对旅游目的地的交通、餐饮、住宿、购物、娱乐、景点和旅行社服务给予较高评价。专项调查显示，2021 年团队游客未来重游的可能性、再次选择旅行社的可能性、推荐亲友旅游的可能性同比上涨 9.4%、0.3% 和 1.1%。

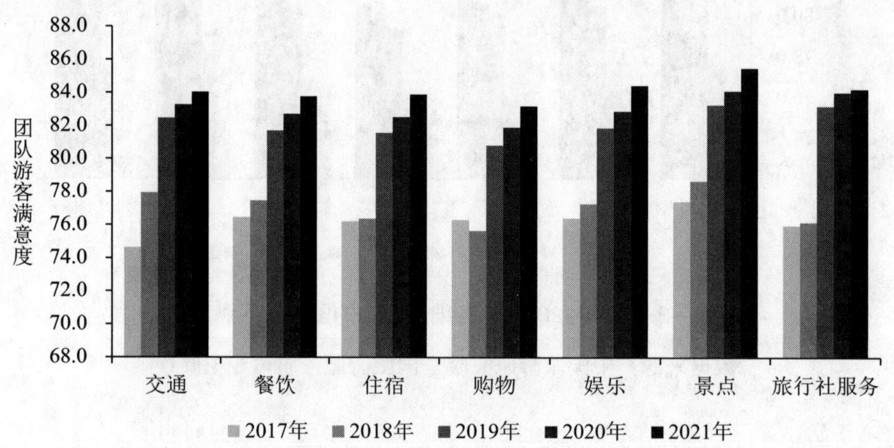

图 7-4　2017~2021 年国内团队游客细分满意度数据

数据来源：中国旅游研究院旅游服务质量专项调查

国内游客的需求与感知引领旅游服务质量的创新方向。2021 年，游客普遍反馈，国内旅游服务改善显著（41.4%）、本地游及周边游自由度提高（40.7%）、创意产品有新意（34.0%）、性价比提高（23.3%）等因素提升了出游体验。但也有 10.4% 的游客表示 2021 年出游体验不如上年，长线游受限（68.4%）、疫情导致旅游中断（55.1%）、节假日高峰出游体验不佳（34.8%）为主要原因。城市领域，旅行服务商、旅游社群、旅游达人从企业到游客都在努力寻找未发掘的新空间、未关注的新领域，以内容创作为核心，城市体验的内容和空间不断扩大，新地标不断涌现，本地玩法快速迭代。乡村领域，常态化乡村游加速乡村住宿娱乐休闲一体化进程。乡村出行日益成为居民休闲的重要组成，游客渴望体验山水乡愁，也需要现代生活品质。住宿领域，高品质民宿需求快速增长，乡村民宿供给也正在向住宿娱乐休闲综合服务快速转化。2021 上半年中国旅游研究院乡村游专项调查数据显示，在乡村民宿选择中，安全卫生（60.3%）、环境优越（42.4%）、文化氛围（34.6%）、创意独特

（20.7%）是游客最为看中的因素。娱乐休闲领域，游客对乡村的期待不再局限于自然风光，传统文化、乡土风情、古村落遗产等成为休闲消费的重要选项，房车露营、民宿、骑行、探险、徒步等特色玩法有效激发了乡村游活力。

二、游客期待更多文化感知与品质休闲

本地化、近程化背景下，游客期待更多的本地文化参与和体验。游客对美好目的地的期待不再局限于自然风光，异域文化、人文风情、市井烟火成为休闲消费的重要选项。中国旅游研究院 2021 年国庆假日专项调查数据显示，84.9% 的游客参与 2 项及以上文化活动，比去年提升 9.6 个百分点。随着国民素质和文化自信的不断提升，城乡居民旅游中的文化感知、情感表达等需求不断提高，旅游目的地的文化消费与文化创意体验需求不断攀升，游客期待在旅游中体验国潮国风、潮流时尚、沉浸娱乐、综艺影视、游戏电竞等多元文化内容与场景。文化感知、大众社交、情感表达等需求加速文化空间创新与拓展。为满足人们对美好精神生活的向往，国内旅游休闲街区、融合文化艺术等元素的商业综合体、公共文化空间等积极探索特色内容、创意设计、主题活动、商业模式等，打造文化和旅游休闲生活集聚地，丰富人们的精神生活。上海外滩沉浸式艺术空间内，美术馆以及文博、演艺空间低调地藏身在某个转角的老建筑里，城市文化艺术在此滋生、交流、探讨和传播，年轻一代也在此获得自我沉浸和大众社交的满足感。越来越多的文化休闲空间将自身定位于艺术时尚潮流，来构建围绕年轻消费群体的生活、社交、教育等场景消费体系。文化消费意愿不断被激发，文化消费的核心价值和社交属性更受关注。中国旅游研究院文化消费专项调查显示，85% 的受访者表示未来会增加文化消费的频率，93% 的受访者未来会增加文化消费支出。国民对目前文化消费产品和服务整体满意，2021 上半年国内文化消费满意度同比增加 8.43%，性价比满意度同比增加 6.71%。52.8% 的受访者表示目前国内的文化消费场景有利于文化传播和文化自信提升，41.4% 的受访者表示文化场景内容丰富提升了文化氛围，49.9% 的受访者表示搭建了个体文化表达、情感抒发的平台。居民和游客对文化和旅游休闲过程中的社交体验感、自身参与感、价值认同感等有了更高需求，期待体验

更多新业态和新场景。

散客化、自驾游趋势下，游客对休闲品质保障有了更高诉求。疫情常态化防控形势下，自助游、自驾游成为常态化出游方式。2021 年国内现场调查数据显示，散客和团队游客满意度分别为 85.2 和 86.4，同比分别增加 1.9% 和 2.6%（图 7-5）。当前，散客已成为国内市场的出游主体，近年来其满意度一直低于团队游客。目前，游客的自由出行尚未全面实现，出游观望中游客对于旅游内容的关注、种草、互动依然活跃，对旅游信息的精准化获取更为迫切。信息透明化、分发智能化等提高游客信息获取质量和决策效率，促进供需匹配。随着互联网时代信息不对称性逐步弱化，旅游信息的丰富度、透明度、获取便利度不断提高。微信、小红书、抖音等社交生活平台的旅游内容创作、种草、拔草、评价、互动促进了真实信息的传播和良性互动；去中心化、智能分发技术让旅游信息投放和营销更加精准，居民游前决策效率提升；旅游内容生态的深度细分、资源整合和智能服务让游客在游中实现个性化、随时、随心定制。旅游目的地综合服务领域，自助、自驾游客的出游体验仍有很大改进空间“现在出来旅游真正能体验别样风景的地方是越来越少了”“长途汽车要一路捡客人，来来去去浪费了不少时间”“建筑物还残留岁月的痕迹，玲琅满目的商品俨然一条小商品购物街，多少令人感到失望”。广大游客期待旅游目的地在旅游行业管理、城市商业环境、当地居民素质等综合服务的持续改善。

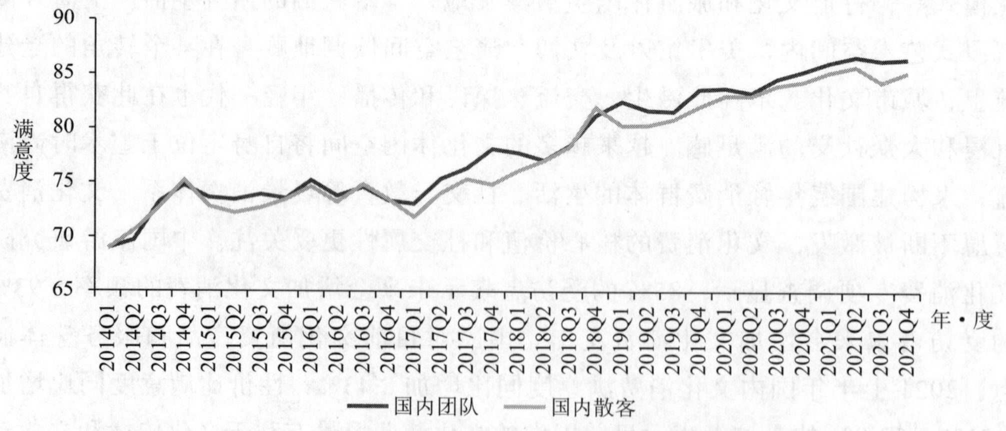

图 7-5　2014~2021 年团队、散客现场调查满意度数据

数据来源：中国旅游研究院全国旅游服务质量专项调查

农村居民开始成为文化和旅游消费的重要组成部分。中国旅游研究院2021年国民休闲调查数据显示，农村居民平均每天休闲时间从3.14小时上升至4.36小时，涨幅达38.9%。2021年上半年，农村居民旅游总人数5.63亿人次，增长126.1%，比城镇居民旅游增速高35个百分点，消费增速高超40个百分点。农民参与旅游的比例越来越高，三、四线城市下沉市场活跃。农村居民对文化和旅游的消费需求快速增长，出游半径和规模明显扩大。2021年国庆假日数据显示，农村游客选择本省市内及城郊旅游的比例高达35.4%，城乡居民出游的双向流动日益活跃。以乡村特色文化为核心的文化符号、历史变迁、生活方式等产品正在加速进入到旅游场景，县域和村镇等下沉市场成为关注重点。随着全面小康社会的建成和城市化进程的加剧，“都市—乡村”开始从传统的“客源地—目的地”，走向互为客源地，互为目的地的开放、外溢、融合、共生的新体系。

三、旅游业高质量发展必须以游客满意为导向

推进更加精准化的疫情防控政策，有效释放居民出游潜力和市场活力。充分研究、及时制定更加精准的常态化疫情防控措施和应急预案机制，在保障旅游安全的基础上实现防控措施从急刹车向点刹车的转变。要加强需求侧管理、深化供给侧结构性改革，全面保障本地、近程、散客、自驾等需求品质，加快释放观光、休闲和度假等弹性需求，推动企业纾困政策延长实施期限，优化文化和旅游产品创新与服务升级的政策环境和科技支撑。

深化本地休闲和异地旅游的文化参与，释放文化赋能、旅游带动的新动能。推动重点文化场馆及场所延长夜间开放时间、线上线下同步开放等，加快文化企业等市场主体更多开放和品质提升。在旅游度假区、休闲街区等建设中，针对不同群体、不同层次需求，推出更多定制化旅游产品、旅游线路，开发体验性、互动性强的旅游项目，围绕红色旅游等重点业态创新消费场景、消费模式，集中精力满足大众旅游特色化、多层次需求。

加大乡村文化和旅游惠民政策，促进城乡居民均等化。以农村居民广泛参与为出发点，进一步发挥美育教育等文艺优势，加快完善乡村公共文化服务体

系，把文化关爱送到百姓心坎里。在稳定现有政策的前提下，加大乡村旅游规划、资金、项目、人才等方面的支持力度，把旅游惠民落实到百姓生活实处。以欠发达地区和脱贫乡村为重点，加大农村居民出游的高度关注、合理保障和优惠倾斜。

责任编辑： 谯　洁
责任印制： 冯冬青
封面设计： 中文天地

图书在版编目（CIP）数据

2021年中国旅游经济运行分析与2022年发展预测 / 中国旅游研究院编. -- 北京 : 中国旅游出版社, 2022.2

ISBN 978-7-5032-6469-6

Ⅰ. ①2… Ⅱ. ①中… Ⅲ. ①旅游经济－经济分析－中国－2021②旅游经济－经济预测－中国－2022 Ⅳ. ①F592.3

中国版本图书馆CIP数据核字(2022)第030795号

书　　名： 2021年中国旅游经济运行分析与2022年发展预测

作　　者： 中国旅游研究院编
出版发行： 中国旅游出版社
（北京静安东里 6 号　邮编：100028）
http://www.cttp.net.cn　E-mail:cttp@mct.gov.cn
营销中心电话：010-57377108，010-57377109
读者服务部电话：010-57377151
排　　版： 北京旅教文化传播有限公司
经　　销： 全国各地新华书店
印　　刷： 三河市灵山芝兰印刷有限公司
版　　次： 2022 年 2 月第 1 版　2022 年 2 月第 1 次印刷
开　　本： 787 毫米 × 1092 毫米　1/16
印　　张： 6.75
字　　数： 117 千字
定　　价： 48.00 元
I S B N 　978-7-5032-6469-6
